10/21

ENSÉÑALE

a tu

ANSIEDAD QUIÉN MANDA

JOEL MINDEN, PhD

Prólogo de SETH J. GILLIHAN, PhD

ENSÉÑALE a tu ANSIEDAD QUIÉN MANDA

Un programa de 3 pasos para recuperar el control de tu vida

AGUILAR

El papel utilizado para la impresión de este libro ha sido fabricado a partir de madera
procedente de bosques y plantaciones gestionadas con los más altos estándares ambientales,
garantizando una explotación de los recursos sostenible con el medio ambiente y beneficiosa para las personas.

Enséñale a tu ansiedad quién manda
Un programa de 3 pasos para recuperar el control de tu vida

Título original: *Show Your Anxiety Who's Boss*

Primera edición: mayo, 2021

Esta publicación está diseñada para proporcionar información certera
y acreditada respecto al tema tratado. Se vende con el entendimiento de que la editorial
no se dedica a prestar servicios psicológicos, financieros, legales u otros servicios profesionales.
Si necesita asistencia o asesoría de expertos, debe buscar los servicios de un profesional competente.

ISBN: 978-607-380-210-9

Impreso en México – *Printed in Mexico*

"En *Enséñale a tu ansiedad quién manda* Joel Minden creó un maravilloso recurso para cualquiera que luche contra la ansiedad. En este accesible libro, Minden guía al lector a través de principios fundamentados científicamente sobre el manejo de la ansiedad, incluyendo aprender a pensar de manera más racional, aceptar la incertidumbre y enfrentar los miedos. Si sufres de una ansiedad que se interpone en el camino de tu vida, este libro será la luz al final del túnel."

—DAVID F. TOLIN, PhD, ABPP, director del Centro de Trastornos de Ansiedad en el Institute of Living/Hartford Hospital y autor de *Face Your Fears*

"*Enséñale a tu ansiedad quién manda* es la guía práctica sobre manejo de ansiedad que muchos libros quisieran ser... pero no lo son. Este programa cambiará tu vida."

—ALEXANDER J. WILLIAMS, PhD, director del programa de psicología, director de psicología clínica y profesor en la Universidad de Kansas (Edwards Campus)

"Usando su experiencia clínica, Joel Minden tomó el conocimiento de décadas de investigación sobre el tratamiento de la ansiedad y lo convirtió en un libro atractivo y accesible. *Enséñale a tu ansiedad quién manda* guía a los lectores a través de pasos prácticos para aceptar y hacer frente a las emociones, de modo que puedan llevar una vida significativa sin que la ansiedad la obstaculice. A través de ejemplos claros y explicaciones interesantes, Minden ofrece un recurso excepcional para las personas que buscan estrategias efectivas para controlar su salud mental. Como terapeuta, ¡estoy ansiosa por compartir estas herramientas con mis pacientes para que reduzcan su ansiedad y experimenten mayor alegría!"

—KATHRYN H. GORDON, PhD, psicóloga e investigadora adjunta

"En *Enséñale a tu ansiedad quién manda* Joel Minden presenta un texto práctico y convincente para manejar la ansiedad y sus diversas manifestaciones. Minden hace un trabajo fenomenal extrapolando la ciencia y la práctica de la terapia cognitivo-conductual (TCC) y presenta estos conceptos en términos fáciles de entender para cualquiera. Muchos libros de esta naturaleza no ofrecen términos atractivos para el lector. Minden lleva a cabo esta tarea "denunciando" la ansiedad y sus diversas formas, al mismo tiempo que proporciona estrategias prácticas e instrucciones paso a paso para reducir la ansiedad. ¡Una lectura obligada!"

—KEVIN CHAPMAN, PhD, psicólogo, fundador y director del Centro de Kentucky para la Ansiedad y los Trastornos Relacionados (KY-CARDS, por sus siglas en inglés)

"*Enséñale a tu ansiedad quién manda* es una lectura esencial para los que buscan enfrentar la ansiedad y recuperar el control. Este libro cambia las reglas del juego porque pone el énfasis en responder de manera flexible a la ansiedad con múltiples estrategias basadas en evidencia. A lo largo del libro, Joel Minden ofrece ejemplos y ejercicios útiles para guiar al lector a través de su enfoque de tres pasos con humor y calidez. No importa si luchas contra la preocupación, incertidumbre, pánico o evitación, este libro te ayudará a crear un plan personalizado para cambiar tu relación con la ansiedad, de modo que vuelvas a priorizar lo que más valoras."

–ASHLI J. SHEIDOW, PhD, investigadora en el Centro
de Aprendizaje Social de Oregon (OSLC)

"*Enséñale a tu ansiedad quién manda* es un recurso excelente para cualquier persona que lucha contra la procrastinación, evitación u otras inútiles estrategias de afrontamiento relacionadas con la ansiedad. Gracias a su amplia formación y experiencia, Joel Minden traduce los principios y estrategias de la TCC y la terapia de amplia aceptación y compromiso (ACT, por sus siglas en inglés) a un lenguaje claro y fácil que le habla directo al lector. Las hojas de trabajo, ejercicios y ejemplos brindan al lector las herramientas y el estímulo necesarios para desafiar sus 'fantasías ansiosas', reducir la procrastinación, la evitación y tomar decisiones guiadas por valores en lugar de miedos."

–LAUREN S. HALLION, PhD, profesora en el departamento
de psicología de la Universidad de Pittsburgh

"*Enséñale a tu ansiedad quién manda* empodera a quienes se preocupan por cosas poco realistas que se interponen en el camino de una vida plena. El enfoque de la TCC de tres pasos basado en estrategias cognitivas, conductuales y de aceptación se fundamenta en evidencia sólida. Es una guía atractiva y fácil de usar."

–MARY K. ALVORD, PhD, psicóloga y coautora de *Conquer Negative Thinking for Teens* y *Resilience Builder Program for Children and Adolescents*

"Aunque muchos libros brindan herramientas para manejar la ansiedad, *Enséñale a tu ansiedad quién manda* enseña a los lectores cómo desarraigar dos de los sustentos más poderosos de ésta: la inflexibilidad y la evitación. Con humor y calidez, Joel Minden nos invita a examinar los rígidos patrones de pensamiento que nos mantienen estancados; a usar valores en lugar de emociones para guiar nuestras acciones; y a 'soltar la cuerda' en ese implacable estira y afloja que la ansiedad juega con nuestras mentes, cuerpos y espíritus. Este libro ofrece mucho más que un programa completo para el manejo exitoso de la ansiedad. Hace un llamado a la valentía y ofrece la oportunidad de construir un mapa hacia una vida más valiente, plena y significativa."

–KRISTIN BIANCHI, PhD, psicóloga del Center
for Anxiety and Behavioral Change

Índice

Prólogo

Me da mucho gusto que leas este libro. Por mi trabajo como psicólogo clínico sé cuán debilitante es la ansiedad. Es una presencia exigente e intentará que formes tu vida en torno a ella. Pero cuanto más cambiamos nuestra vida para apaciguarla, más quiere. Antes de que nos demos cuenta, nuestro mundo se vuelve bastante pequeño.

Por suerte, nada te detiene cuando estás comprometido a enfrentar tu ansiedad. En este libro Joel Minden te guiará a hacer justo eso. Joel y yo nos conocimos por Twitter. Me sorprendieron las ideas que compartía con sus seguidores y las similitudes entre nuestros enfoques para tratar la ansiedad. Pronto lo invité a estar en mi podcast *Think Act Be*. Esa charla se convirtió en el episodio más popular porque Joel ofrece herramientas valiosas para superar la ansiedad contra la que muchos luchamos.

En las páginas siguientes tu guía experto te mostrará un camino para liberarte de la ansiedad. Aprenderás qué es y por qué nos causa tanto dolor si diseñamos nuestra vida en torno a ella. Descubrirás tres formas poderosas de superarla. Primero, Joel destila la esencia de los pensamientos problemáticos y cómo entrenar tu mente para servirte mejor. A través de estas prácticas *cognitivas* aprenderás a cambiar los pensamientos inútiles que generan ansiedad. También encontrarás estrategias para hacer lo más importante para ti, incluso cuando te sientas ansioso. Estas estrategias *conductuales* son una manera muy eficaz de enfrentar (y disminuir) tus miedos. Al final aprenderás prácticas basadas en la *aceptación*, que te ayudarán a tolerar la incertidumbre en el corazón de la ansiedad. Joel integra estos principios en una práctica coherente que te dará tres maneras de lidiar con la ansiedad en sus múltiples formas. En el proceso te darás cuenta de que no hay que temer a la ansiedad.

Sospecho que elegiste este libro no sólo porque la ansiedad es desagradable o estás cansado. Creo que ya se interpuso en lo que te importa. El programa de Joel enfocará tu atención en cosas más importantes para ti que la ansiedad, y en la motivación que impulsará tus esfuerzos al seguir este plan. Como resultado, abrirás más espacio para las cosas que de verdad te importan.

Te recomiendo mucho que hagas todo lo que el libro aconseja. Si eres como yo, seguro dirás: "Ya sé cuáles son mis pensamientos ansiosos; no necesito escribirlos". ¡Escríbelos de todos modos! Observa qué pasa cuando sigues el programa tal como se presenta. Estarás mucho más feliz con los resultados que si eliges qué seguir y qué no.

Incluso si no tienes un diagnóstico clínico de ansiedad, estoy seguro de que te beneficiarás de los conocimientos de Joel. Encontré sus palabras cálidas, muy útiles y es fácil identificarse con ellas, ya que ofrecen una sabiduría profunda en un lenguaje accesible y técnicas sencillas de usar. Hay ejemplos interesantes a lo largo del libro, incluidos algunos de la vida de Joel. Su autorrevelación subraya la realidad de que todos, en diversos grados, lidiamos con la ansiedad de una forma u otra.

Este libro se trata de encontrar una manera de concentrarte en las cosas que más aprecias, como el trabajo significativo y tus relaciones más cercanas. En pocas palabras, se trata de vivir tu vida. Conforme sigas los consejos de Joel sabrás que *tú eres el único* (no tu ansiedad) que está tomando las decisiones. A través de este trabajo, sospecho que te unirás a las innumerables personas con ansiedad que han recuperado su vida: mente, cuerpo y espíritu.

SETH J. GILLIHAN, PhD
Psicólogo clínico y autor de *The CBT Deck* y *A Mindful Year*

Introducción.
Qué esperar de este libro

Este libro trata sobre cómo responder a la ansiedad de forma eficaz, un desafío que todos experimentamos. Ya sea que luches con síntomas menores de vez en cuando o con una ansiedad fuerte casi todos los días, esto impide que experimentes tanta alegría, satisfacción y logros como quisieras. Antes de abrir el libro, seguro probaste diferentes cosas para manejar tu ansiedad (ejercicio, meditación, llevar un diario, pensamientos positivos, mejorar tu dieta, buscar apoyo social o tratar de reducir el estrés), pero a pesar de tus esfuerzos la ansiedad persiste. Por eso el manejo de la ansiedad es un proceso tan frustrante. Incluso cuando respondes con soluciones lógicas, el trabajo (y sus efectos) se siente incompleto. No importa si luchas constantemente para aguantar la ansiedad o evitas retos que crees que la empeorarán, parece que das pasos razonables para sentirte mejor y optimizar tu funcionamiento. Entonces, ¿por qué no funciona?

Como psicólogo clínico especializado en terapia cognitivo-conductual (TCC) para la ansiedad, escucho preocupaciones como éstas con regularidad. Muchos de los que luchan contra la ansiedad son solucionadores de problemas de alto rendimiento que van por la vida con éxito identificando obstáculos y dando pasos para eliminarlos. Quizá reflexionas en áreas de tu vida donde estas tácticas dieron frutos y te preguntes por qué la ansiedad no cede cuando respondes con soluciones igual de ingeniosas.

Por desgracia, la ansiedad no siempre es receptiva a estas tácticas de control. Esto se debe a que, en el peor de los casos, la ansiedad es un problema de exceso de control, conectado a la creencia de que todo problema debe tener una solución y que, con suficiente esfuerzo y tiempo, también se resolverá la ansiedad. Si piensas así, no estás solo. La mayoría de las personas abrumadas por la ansiedad se aferra a ideas como éstas, sólo para experimentar frustración repetida cuando los pensamientos, sentimientos, sensaciones y comportamientos incómodos regresan sin importar cuánto se esfuercen por controlarlos.

Es fácil dejarse engañar por el alivio ocasional que obtenemos de estrategias como respirar profundo o decirnos que todo saldrá bien. Pasamos por alto el hecho de que el efecto de estas respuestas suele ser débil y de corta duración. Cuando reconocemos las limitaciones de nuestras estrategias de afrontamiento, podemos decidir que es más fácil evitar primero los pensamientos o situaciones que provocan ansiedad, antes de que tengan la oportunidad de crear problemas. Pero esta estrategia también tiene sus limitaciones. A veces somos *incapaces* de evitar situaciones que provocan ansiedad y, sin mucha experiencia en superar desafíos, no estamos preparados para afrontarlas. Otras veces *no queremos* evitar actividades significativas (como hacer planes para ahorrar para el futuro, conducir para visitar a seres queridos, asistir a una reunión de exalumnos o completar un proyecto para el trabajo o la escuela), pero lo hacemos de todos modos, porque parece que la ansiedad será intolerable.

Espero que cuando leas este libro empieces a pensar en la ansiedad de modo distinto. La ansiedad puede distraer, molestar, incluso asustar, pero si nos damos la oportunidad de responder con razón, aceptación o resolviéndola, aprenderás que, incluso en el peor de los casos, es tolerable e inofensiva. Quizá no siempre podamos controlar la ansiedad, pero tenemos la capacidad de responder a ella de formas nuevas y más útiles que nos permiten vivir con significado y propósito, incluso si no siempre estamos tan cómodos como nos gustaría. Parece contradictorio, pero centrarse menos en deshacerse de la ansiedad y más en las formas de participar en un comportamiento que valoramos puede tener el efecto sorprendente, pero bienvenido, de hacer que la ansiedad sea un obstáculo menos.

Este libro te ayudará a identificar los hilos comunes que comparten *todas* las preocupaciones relacionadas con la ansiedad. Este entendimiento te facilitará enfocarte en las estrategias de gran impacto basadas en evidencia a medida que exploras lo que te funciona mejor. A veces te daré información detallada sobre la naturaleza de la ansiedad y las formas eficaces de responder a ella. El propósito no es que el manejo de la ansiedad parezca más complicado, sino guiarte, paso a paso, hacia la comprensión de las ideas generales (que puedes consultar una y otra vez mientras desarrollas tu colección de herramientas). Espero que mejores no sólo tu comprensión de la ansiedad, sino también tu colección personal de estrategias que darán frutos en varias situaciones.

No importa si te molesta una ansiedad cotidiana o si es tan grande que interfiere en tu capacidad para funcionar en áreas importantes de la vida, los pasos que te enseñaré te ayudarán a responder de manera flexible, sin atraparte en la idea de que debes controlar la ansiedad en sí antes de seguir adelante. Si los siguientes desafíos te parecen cercanos, seguro las estrategias para el manejo de la ansiedad de este libro te serán muy útiles:

- Los pensamientos, sentimientos y sensaciones físicas de ansiedad te abruman tanto que te resulta difícil o imposible concentrarte en otras cosas más importantes.
- Completar tareas importantes es una tarea agotadora o algo que pospones porque la ansiedad provoca cuestionamientos sobre tu capacidad de ser eficaz.
- Crees que los síntomas físicos de la ansiedad requieren atención médica a pesar de que el doctor ya te dijo que no corres ningún peligro.
- Evitas desafíos (situaciones sociales, proyectos importantes, actividades desconocidas) porque estás convencido de que la ansiedad será intolerable o conducirá a una disfunción.
- Priorizas las estrategias que requieren mucho tiempo y esfuerzo para controlar la ansiedad por encima de actividades más significativas.
- Tus esfuerzos para manejar la ansiedad enfatizan el "sentirse mejor", así que cuestionas tu capacidad para salir adelante cuando no es práctico usar tus estrategias favoritas (meditación, ejercicio, medicación, evitación) o cuando las usas, pero sigues ansioso.
- Tus intentos de "ser razonable" (incluyendo decirte que debes relajarte, calmarte o dejar de preocuparte) no son creíbles ni efectivos y terminas criticándote más porque no puedes dejar de sentirte ansioso.

Al leer los ejemplos anteriores quizá ya notaste qué tienen en común estos problemas relacionados con la ansiedad. Todos están limitados por un énfasis en la reducción o evitación de la ansiedad. Cuando nos casamos con la idea de que la ansiedad es "mala" y debe ser el centro de nuestros esfuerzos, aprendemos que ella nos controla, es intolerable y somos incapaces de hacer lo que queremos mientras exista.

¿Cómo sería pensar en la ansiedad de manera diferente? Imagina qué harías si la ansiedad no te causara problemas. Ahora considera si estarías dispuesto a tolerar un poco de ansiedad mientras trabajas para lograr esos objetivos. Si es así, piensa cómo te gustaría responder a la ansiedad. Aquí es donde muchas personas vuelven a los esfuerzos por reducir o evitar las molestias.

Este libro te ayudará a reconocer que la ansiedad es una parte normal de aceptar desafíos significativos en la vida; que tienes la capacidad de priorizar el comportamiento que valoras por encima de la reducción de la ansiedad, y que nuestras respuestas más productivas a la ansiedad son las que facilitan vivir de acuerdo con nuestros valores. En los siguientes capítulos explorarás nuevas formas de responder a la ansiedad que han funcionado para innumerables personas y, estoy seguro, funcionarán para ti.

Enséñale a tu ansiedad quién manda se presenta en secciones para resaltar un enfoque de tres estrategias para el manejo de la ansiedad. Conforme avances en el libro te pediré que pienses en tus problemas actuales y en cómo podrías aplicarles los principios de cada sección. Al leer, notarás que cada una de las tres estrategias encaja con las otras o te guía a ellas. Al final verás que funcionan juntas para permitirte responder con flexibilidad a la ansiedad.

Los ejercicios incluidos a lo largo del libro te ayudarán a reconocer que tienes la opción de responder a la ansiedad de múltiples formas; que probar una estrategia te llevará a las otras, y que las tres se pueden usar juntas, según las circunstancias o tus preferencias. Al final del libro tendrás la oportunidad de preparar un plan personalizado para el manejo de la ansiedad. Puedes usarlo como referencia para que sea más fácil mantenerte en el camino con nuevas respuestas, lo cual será útil si descubres que regresas a las respuestas conocidas, pero poco efectivas, que has usado en el pasado. A continuación veamos una descripción general de las tres secciones y las estrategias básicas presentadas en este libro:

Predicciones útiles, no fantasías ansiosas: Las fantasías ansiosas son nuestras creencias (a menudo sesgadas) de que sucederá algo malo, que los eventos futuros serán catastróficos y que no podremos enfrentarlos. A veces estas expectativas son realistas, pero si tienes problemas de ansiedad, es muy probable que tus creencias exageren el riesgo y subestimen tu capacidad para funcionar o resolver problemas. Si es así, hay que revisar estas creencias para mayor precisión y utilidad. Mi libro te ayudará a identificar tus fantasías ansiosas (las trampas del pensamiento que dificultan el manejo de la ansiedad) para que aprendas a responder con predicciones más realistas y útiles sobre los próximos desafíos.

Actúa, pide satisfacción: Ansiedad y evitación van de la mano. Si tiendes a posponer responsabilidades o alejarte de actividades significativas porque no crees que podrás tolerar la ansiedad, esta sección te ayudará a responder con planes realistas para experimentar mayor satisfacción en la vida al trabajar en la ansiedad (en vez de evitarla). Prepararte para los posibles desafíos, identificar comportamientos efectivos, hacer planes para empezar y resolver los problemas gradualmente son ejemplos de técnicas que aprenderás en esta sección.

Aceptar y redirigir: Muchas veces los pensamientos, sentimientos, sensaciones y deseos ansiosos parecen tan importantes que requieren una respuesta seria. Pero incluso cuando nos enfrentamos a una actividad interior incómoda o irritante, siempre tenemos la opción de hacer una pausa por un momento, considerar con qué estamos trabajando y elegir si respondemos y cómo lo hacemos. En vez de reaccionar a estas experiencias internas como si fueran peligrosas, podemos aprender a detectarlas, examinarlas de manera objetiva, aceptarlas con curiosidad y franqueza, y dirigir nuestra atención a asuntos más importantes.

CÓMO APROVECHAR AL MÁXIMO ESTE LIBRO

Los capítulos en cada sección te guiarán a través del proceso para aplicar los principios importantes del manejo de la ansiedad en tu vida diaria. Tal como lo experimentarías en una sesión típica de terapia cognitivo-conductual, el contenido de este libro explicará lo importante sobre la ansiedad y cómo manejarla; ofrecerá ejemplos de desafíos en el mundo real y opciones para responder a ellos, y te dará ejercicios que puedes hacer de inmediato para incorporar nuevas habilidades en tu vida.

En mi práctica profesional animo a los pacientes a usar un cuaderno para escribir ideas útiles, metas o planes semanales y los resultados de las estrategias que probaron. Te invito a que hagas lo mismo. A lo largo del libro te pediré que escribas ideas, respondas preguntas y realices actividades durante la semana. También puedes escribir dos o tres ideas útiles de cada capítulo para consultarlas después. Tener un cuaderno mientras lees te ayudará a sacar más provecho de las partes instructivas y experimentales.

La página de internet de este libro (www.newharbinger.com/
show-your-anxiety-whos-boss, disponible sólo en inglés) también
incluye una serie de hojas de trabajo que te ayudarán a aclarar
tu pensamiento y a hacer planes para responder a la ansiedad.
Ya sea que registres tus ideas en el cuaderno, en las hojas de trabajo o en ambos, el proceso de tomar notas te ayudará a aprender,
organizar conceptos clave, prepararte para el cambio o la aceptación y reflexionar sobre las áreas de mejora para que tu colección
de técnicas de manejo de la ansiedad sea lo más poderosa posible.

QUÉ ESPERO PARA TI

Espero que las tres estrategias básicas de este libro te resulten útiles. Al usarlas juntas te ayudarán a pasar de reactivo a proactivo,
de emocional a lógico, de evitativo a activo y de crítico a tolerante.
En este momento la mente ansiosa parece una fuerza amenazante
con demasiado control. Pero con atención y práctica los conceptos
de este libro te ayudarán a experimentar de primera mano que, a
pesar de los aparentes intentos de tu mente de hacer de la ansiedad un pilar fundamental, puedes aprender a tomar decisiones.
Armado con comprensión, lógica, planes y un compromiso con
la acción, resistirás la ansiedad y le mostrarás quién manda.

1

¿Qué es la ansiedad
y quién manda?

Quizá es complicado describir la ansiedad, pero es algo que todos reconocemos. La forma más fácil de entenderla es pensar cuánto te preocupaste por un reto personal de gran importancia: hacer una presentación en el trabajo, soportar un vuelo largo, conversar con un extraño, ser asertivo con un amigo o familiar, realizar un examen difícil... Cuando surge una situación así, crees que las cosas no irán bien, experimentas una sensación incómoda de gran agitación en todo el cuerpo y usas palabras como "nervioso", "temeroso", "asustado" o "aterrorizado" para explicar cómo te sientes. Si estuvieras expuesto a una amenaza física, como un ataque, esta agitación interna te resultaría útil (te ayudaría a defenderte o huir si fuera necesario). Pero a menudo estas reacciones aparecen cuando no las queremos ni necesitamos. Los pensamientos, sentimientos, sensaciones y deseos distraen e irritan en lugar de ayudarte a afrontar la situación. Sientes que estás en peligro, incluso cuando te dices que no, y deseas poder relajarte y seguir adelante sin tener que preocuparte por tu malestar. Cuando te dices que estás exagerando y tratas de calmarte, tu cuerpo y mente parecen contraatacar y, a pesar de tu esperanza de que esta incomodidad desaparezca, la sensación se vuelve aún más abrumadora. Eso es la ansiedad.

PREDICCIONES PELIGROSAS

La ansiedad es un problema orientado al futuro muy influenciado por ciertos patrones de pensamiento. Con sólo *anticipar* que pasará algo malo, fluye la ansiedad. Claro, es normal que a veces todos experimentemos ansiedad porque el futuro siempre es, hasta cierto punto, impredecible, inescrutable e incontrolable. Y ese tipo de misterio impide que nos preparemos de forma adecuada para cada problema que pueda surgir.

Lo interesante es que, a pesar del potencial para el peligro, toleramos la incertidumbre y estamos de acuerdo en tomar riesgos todos los días. Conducir un automóvil es un ejemplo de un peligro diario que muchos estamos dispuestos a enfrentar. No podemos estar completamente seguros de evitar un accidente, pero el riesgo parece bajo, en especial si antes lo hemos hecho sin incidentes. Además, nos sentimos cómodos si reflexionamos sobre los desafíos relacionados con manejar, como los malos conductores, a los que hemos respondido de manera eficaz en el pasado. Cuando consideramos la gran experiencia que tenemos para apoyar la idea de que conducir es bastante seguro, no sentimos mucha ansiedad relacionada con la acción. Pero, incluso si lo hacemos, las creencias sobre los beneficios de manejar en vez de tomar el transporte público, esperar el aventón de un amigo o no ir a ningún lugar, a menudo son suficientes para decidir que la comodidad y la libertad superan cualquier ansiedad y riesgo identificado.

Pero a veces no corremos riesgos. Si nos sentimos abrumados por las preocupaciones sobre la incertidumbre, la inexperiencia, las habilidades de afrontamiento inadecuadas o el daño esperado de los contratiempos, minimizamos tanto el valor de una situación o tarea que provoca ansiedad que decidimos mantenernos alejados. En estos casos, en lugar de tomar medidas, posponemos las cosas, nos distanciamos de las personas o de las oportunidades y nos angustiamos por un futuro que no podemos predecir ni controlar.

¿Y por qué no deberíamos preocuparnos por el riesgo? Las cosas malas *pasan*, por eso es prudente proceder con precaución y reducir el riesgo cuando la consecuencia de una falla es grande. Por ejemplo, si tu jefe siempre critica tu trabajo, puedes predecir una respuesta similar (o peor) si pides un aumento. En este caso, quizá sea buena idea esperar hasta que tengas más probabilidades de obtener lo que quieres. Si te enfocas en mejorar la calidad de tu trabajo o fortalecer la relación con tu jefe y luego le pides un aumento, es más probable que las cosas funcionen a tu favor.

Pero cuando empezamos a presagiar amenazas en situaciones de menor riesgo o que no podemos evitar, surge un patrón de pensamiento falso e inútil. El patrón implica exagerar el grado de amenaza y subestimar nuestro potencial para afrontarlo. Pensar de esta manera no nos ayuda porque limita nuestras opciones para responder. Reflexiónalo: si de verdad crees que estás en peligro y no puedes manejar una situación, ¿qué se supone que debes hacer sino rendirte o huir?

Consideremos el escenario del "jefe crítico" otra vez, pero con un pensamiento demasiado ansioso que dificulte mucho avanzar hacia tus objetivos laborales. Después de decidir no pedir el aumento, concluyes que no hay nada que puedas hacer para mejorar tus posibilidades de obtenerlo, así que vuelves al trabajo. Mientras estás en tu escritorio, te preocupas por tu futuro en la empresa en vez de concentrarte en la tarea que debes terminar. Cuando *puedes* trabajar, te presionas para ser perfecto, esto provoca que dediques demasiado tiempo a los proyectos y no cumplas con las fechas límite. Tu jefe no está contento y quiere reunirse contigo, pero decides que no puedes tolerar sus comentarios, así que te reportas enfermo para posponer la reunión. Por último, cuando te presentas al trabajo, vuelves a casa agotado por la jornada, pero te resulta difícil conciliar el sueño. Descubres que pasas la noche preocupado por los problemas del trabajo en vez de relajarte al final de un día largo y productivo.

En este ejemplo la ansiedad tomó el control. Se volvió peor que el jefe. Te alejó de ser productivo y ahora, en lugar de incrementar tus posibilidades de un aumento de sueldo, estás poniendo tu trabajo en peligro y te sientes miserable. Además, la presencia de estos problemas sólo refuerza la creencia de que el trabajo es un lugar peligroso y no hay nada que puedas hacer al respecto.

TRES CREENCIAS ANSIOSAS

Podemos resumir el tipo de pensamiento destructivo que surge cuando la ansiedad es abrumadora en tres declaraciones o predicciones de amenazas:

1. Algo malo va a pasar.
2. Cuando eso pase, será catastrófico.
3. No podré afrontarlo.

A veces estas predicciones acechan entre bastidores y no somos conscientes de ellas. Otras veces están al frente y al centro y no podemos dejar de pensar en ellas. Pero sin importar si las notamos o no, una cosa es segura: cuando la ansiedad nos impide hacer las cosas que queremos, estamos formulando una o más de estas tres predicciones sobre el futuro. Es útil estar al tanto de ellas porque la forma en que pensamos afecta la intensidad de nuestra ansiedad. Poner atención a la relación entre nuestros pensamientos y emociones es valioso porque, con la práctica, mejoraremos la capacidad para notar creencias ansiosas, cuestionarlas y cambiar la manera en que respondemos ante ellas. Ser conscientes de nuestras predicciones también nos ayuda a entender por qué nos volvemos tan ansiosos en situaciones que no son tan difíciles de manejar.

Por ejemplo, considera la limpieza de tu casa antes de que lleguen unas visitas. Si la visita es tu vecino, Steve, y viene a ver un partido de beisbol, quizá no estés demasiado ansioso. Steve ha estado antes y no parece tener problemas con la limpieza de tu casa. Y si tuviera algún problema, seguro no diría nada. Incluso si lo hiciera, no te molestaría mucho. Respondes a esa leve preocupación limpiando un poco las cosas antes de que llegue... y te sientes mejor con su visita.

Por otro lado, si tus suegros deciden visitarte desde otro estado, la ansiedad puede ser intensa, en especial si piensas en lo que podría salir mal. ¿Y si piensan que tu casa no está limpia lo suficiente y hacen comentarios a tus espaldas? ¿Qué pasaría si se quejan con tu cónyuge, no sólo de tu capacidad para mantener las cosas en orden, sino también de tu valor como persona? Quizá empiezas a predecir momentos incómodos de silencio y miradas de odio en la mesa de la cena... y ésta es sólo la primera noche. ¿Cómo soportarás los próximos días hasta que se vayan? ¿Y si encuentran más razones para detestarte y toda la visita es un desastre?

En ambos casos, la tarea (limpiar su casa) es la misma, pero tus predicciones no. A veces la mente empieza a explorar las cosas horribles que podrían pasar (o pasarán) y, a pesar de nuestros esfuerzos por mantener la calma o minimizar el riesgo, los pensamientos siguen molestando como diciendo: "No le has puesto suficiente atención a esto, así que sigamos hasta que estés completamente abrumado". Este estilo de pensamiento tipo "tren fuera de control" resalta la importancia de la *cognición* en la ansiedad. La cognición se refiere a la forma en que pensamos: nuestras actitudes, creencias, ideas, suposiciones y, en el caso de la ansiedad, predicciones. Tu enfoque cognitivo de una situación (y de la ansiedad) suele ser mucho más importante que la situación en sí.

En la introducción del libro mencioné que escribir ideas en un cuaderno es útil para relacionar los conceptos con tus experiencias. Mientras reflexionas sobre la información anterior, considera algunas situaciones que te provocan ansiedad y escríbelas. Ahora enumera las predicciones que aparecen en estas situaciones que se interponen en tu capacidad para sentirte cómodo o funcionar tan bien como te gustaría. Escribe cómo respondes por lo general a estas predicciones. Al final considera las consecuencias de tus respuestas. ¿Funcionan bien? ¿Son contraproducentes? ¿Qué temas o patrones notas?

LA ANSIEDAD NO ES RAZONABLE

Responder a nuestros pensamientos ansiosos debería ser bastante fácil. ¿Alguna vez, en un momento de ansiedad, te has dicho "las cosas irán bien", "sólo cálmate", "deja de preocuparte tanto" o "piensa positivo"? Éstas parecen respuestas razonables, pero ¿qué tan bien funcionan? ¿Te hacen sentir mejor? Si es así, ¿tus pensamientos ansiosos regresan poco después para burlarse de ti?

Una de las razones por las que es tan difícil saber qué hacer con la ansiedad es que las respuestas cognitivas adoptan muchas formas y pueden cambiar de un momento a otro. La mente ansiosa es incansable y te mantendrá alerta. Tratar de ganar la batalla puede ser un proceso agotador.

Otra razón por la que la ansiedad es tan difícil de controlar es que no sólo es un problema cognitivo. También tiene elementos conductuales, emocionales y físicos. Cuando un elemento cambia, otros lo siguen. Por ejemplo, si te sientes en peligro, tu cuerpo se prepara para la acción a través de la agitación y la tensión, este cambio se etiqueta como "ansiedad". Luego piensas: "Me siento así porque la amenaza es real. No podré manejarlo. Debería esconderme". Y lo haces (a través de la procrastinación, incumpliendo compromisos o alejándote de la gente).

Ser consciente de estos procesos es importante por dos razones. Primero: nos ayuda a entender las causas de la ansiedad, así, cuando sucede se vuelve menos misteriosa y aterradora. Segundo: nos proporciona un modelo de referencia cuando necesitamos descubrir cómo afrontar algo.

CÓMO INTENTAMOS AFRONTAR

Responder a la ansiedad no es sencillo. A menudo las estrategias que creemos que funcionarán mejor no ayudan mucho. Incluso podrían empeorar nuestros problemas. Este libro considera dos categorías amplias de respuesta a la ansiedad que crean problemas a largo plazo. La primera es la *evitación*. Evitar significa que nos alejamos de situaciones, pensamientos y sentimientos que nos provocan ansiedad. La segunda es el *afrontamiento centrado en las emociones*, significa que confiamos en las conductas de seguridad para reducir la ansiedad que ya existe. Pensemos en ejemplos de ambas estrategias empleadas con regularidad, pero muy destructivas.

Evitación: distanciarnos de la ansiedad

Si te niegas a participar en actividades desafiantes (pero gratificantes) porque tus pensamientos, sentimientos y sensaciones físicas parecen demasiado abrumadores para tolerarlo, eso es evitación. Quizá te digas que actuarás cuando te sientas tranquilo o "motivado", pero esos momentos mágicos no se dan mucho. Al poco tiempo empiezas a notar que has logrado muy poco y ahora te desanimas por no ser más productivo, sobre todo comparado con otras personas que parecen no tener problemas de ansiedad.

De vez en cuando tratas de soportar la incomodidad que surge cuando intentas hacer algo importante, pero te concentras tanto en lo mal que te sientes que terminas cuestionándote si valió la pena… y decides evitar estos problemas aún más. Con el tiempo, las cosas se intensifican tanto que intentas evitar el pensamiento ansioso, concentrándote en otra idea. Y si ésa también es difícil de afrontar, la evitas saltando de una preocupación a otra sin llegar a una conclusión razonable sobre ninguna. En cierto punto los pensamientos críticos sobre ti, las personas y situaciones que te rodean y las amenazas que se avecinan son demasiados y la evitación te impide hacer cosas que le dan sentido a tu vida.

Afrontamiento centrado en las emociones: tratar de sentirse mejor

¿Qué pasa con el afrontamiento centrado en las emociones? ¿Hay alguna forma de frenar la ansiedad o eliminarla por completo? En un intento por lograrlo, quizá has usado algunas estrategias saludables (respiración profunda, ejercicio, cambio de dieta), pero el impacto fue temporal y requirió mucho trabajo. O tal vez descubriste que sin pensar hacías cosas impulsivas, pero destructivas: beber, consumir drogas, comida chatarra, enojarte o poner excusas para salir de situaciones que te ponen ansioso. Y si la búsqueda de algo (¡cualquier cosa!) que te haga sentir mejor parece desesperada, es posible que te mediques. ¿Por qué no? ¿Qué tal que, a diferencia de casi todos los que te rodean, eres una persona ansiosa con un "desequilibrio químico" y la única forma de sentirte normal es con medicamentos?

Al igual que la evitación, las estrategias de afrontamiento centrado en las emociones tienen sus limitaciones. La aparente seguridad que ofrecen estos métodos se compensa con sus inconvenientes. Los comportamientos saludables son menos prácticos e implican mucho tiempo; las reacciones impulsivas tienen consecuencias para la salud, además los efectos secundarios y la eficacia de los medicamentos a largo plazo también son motivo de preocupación. Pero, en conjunto, las tácticas de afrontamiento centrado en las emociones están comprometidas por un factor psicológico importante. Entre más confiamos en estas soluciones a corto plazo, más nos refuerzan la creencia decepcionante de que estas tácticas (poco efectivas) son las mejores herramientas que tenemos.

En el cuadro anterior te pedí que escribieras cómo respondes a tus pre-dicciones en situaciones que provocan ansiedad. Piensa en los conceptos de evitación (E) y afrontamiento centrado en las emociones (A). Etiqueta las respuestas que anotaste antes con (E) o (A) para indicar si tiendes a mantenerte alejado de los desafíos o es más probable que hagas cosas para controlar tus emociones. ¿Notas un patrón?

¿POR QUÉ LA ANSIEDAD ES TAN DIFÍCIL DE MANEJAR?

Si esta información sobre la evitación y el afrontamiento centrado en las emociones te hace pensar: "Esto se parece mucho a mí", no estás solo. En Estados Unidos casi un tercio de los adultos cumple con los criterios para un trastorno de ansiedad en algún momento de su vida. Los trastornos de ansiedad resultan en una angustia o disfunción significativa en diferentes áreas de la vida (hogar, escuela, trabajo, relaciones, productividad), y sin psicoterapia o tratamiento médico es probable que los problemas persistan. Pero incluso si no cumples con los criterios para un trastorno de an-siedad, quizá experimentes ansiedad cotidiana o situacional que te frena de todos modos.

No siempre la notamos

Debes saber algunas cosas sobre la ansiedad que te ayudarán a entender por qué es una alteración emocional tan difícil de su-perar. La primera es que muchas veces no la reconocemos como problema hasta que se vuelve intensa e insoportable.

Por ejemplo, participar en reuniones de trabajo siempre provoca ansiedad, aunque no es demasiado difícil ignorar una leve incomodidad y aceptar ese nerviosismo. Pero cuando se producen sorpresas no deseadas (quedarse sin habla o con la mente en blanco, entrar en pánico, sudar demasiado, temblar... cuando te piden actualizar al equipo sobre el estado de un proyecto de trabajo que has descuidado) es difícil saber qué hacer.

En otros casos, reconocemos que la ansiedad interfiere con el funcionamiento, pero en vez de usar estrategias proactivas para resolver problemas y minimizar la angustia nos volvemos reactivos y sólo actuamos después de que la tensión y la preocupación se salen de los límites. Incluso creemos que esto es una estrategia bastante buena, porque la ansiedad aparece como una señal para actuar. Por ejemplo, muchos estudiantes universitarios dicen: "Escribo mis mejores trabajos cuando tengo una fecha límite encima porque trabajo mejor bajo presión". Sé que yo también pensaba así cuando era estudiante y, a veces, esa creencia se vio reforzada por el alivio que sentí al entregar un trabajo. A menudo se reforzó por segunda vez cuando *de alguna manera* recibí una calificación decente por mi trabajo de mala calidad.

Recuerdo pensar: "¿Para qué le dedico mucho tiempo y esfuerzo a la escuela si puedo preparar algo en el último minuto y saldrá bien?". También hay personas que dicen: "Me pongo ansioso por pagar mis impuestos, así que siempre lo hago antes de la fecha límite". En estos ejemplos la ansiedad no suena tan mal. De hecho, parece "buena" si reaccionamos y nos ponemos en acción.

El problema es que cuando confiamos en estrategias como éstas es fácil pasar por alto todas las desventajas. Por ejemplo, si pospones tus responsabilidades académicas o financieras, ¿cuánto tiempo pasarás preocupándote por esas cosas? ¿Alguna vez has estado en la cama, mirando al techo, pensando en tus compromisos y preocupándote porque no sabes cuándo los cumplirás? ¿Alguna vez has pasado mucho tiempo preguntándote qué tan desagradable sería el impacto si no los cumplieras en absoluto? ¿Alguna vez has pensado todo eso y luego cambias tu enfoque a alguna otra preocupación hasta que te das cuenta de que llevas horas despierto en la cama?

O tal vez, cuando por fin decidiste poner manos a la obra, te desanimaste y lo pospusiste. De pronto te diste cuenta de que sólo suspirabas, sintiéndote frustrado, preguntándote cuándo terminarías y prometiéndote que la próxima vez las cosas serían diferentes. O tal vez descubriste que el producto terminado no era muy bueno y empezaste a preocuparte por cómo este patrón de comportamiento podría afectarte en el futuro cuando tuvieras algo importante que hacer y debieras terminarlo bien. ¿Qué harás entonces?

En conjunto, estos ejemplos muestran qué fácil reconocemos el valor de la ansiedad mientras pasamos por alto su impacto negativo. Claro, la ansiedad puede ser útil, pero existe una delgada línea entre usarla y sentirte abrumado por ella. Si no respondemos a la ansiedad hasta que es intensa, quizá no reconozcamos cuánto interfiere en nuestra vida.

El manejo de la ansiedad es contradictorio

El otro gran problema de la ansiedad es que, a menudo, lo que pensamos que ayudará… no lo hace. Y no sólo eso, sino que a veces las cosas que hacemos una y otra vez para tratar de afrontar terminan empeorando nuestra ansiedad. La noticia confusa sobre la ansiedad es: las respuestas más útiles con frecuencia son contradictorias. El siguiente cuadro incluye creencias comunes, pero con fallas (las llamo "fantasías ansiosas") para afrontar la ansiedad. Al lado puse las respuestas que se alinean mejor con las estrategias de manejo de la ansiedad a largo plazo basadas en evidencia que te explico en este libro.

Fantasías ansiosas	Creencias útiles para el manejo de la ansiedad
Lo que más quiero es encontrar una forma de reducir la intensidad de mi ansiedad o eliminarla por completo.	Un poco de ansiedad es normal, incluso la uso como señal para la resolución de problemas. No siempre es posible reducir la ansiedad, pero puedo tolerar algunas molestias.
Cuando me siento ansioso, es importante alejarme de una situación hasta que esté más preparado para afrontarla con eficacia.	Hacer planes para trabajar con la ansiedad me ayudará a aprender que puedo hacer lo que quiero, incluso cuando no estoy relajado.
El pensamiento positivo me ayudará a estar menos ansioso.	El pensamiento realista y útil me preparará para manejar mis emociones y comportamientos en situaciones que provocan ansiedad.
Cuando siento que pierdo el control, mi estrategia es respirar profundo.	La ansiedad se siente incómoda, pero es tolerable y disminuye por sí sola, incluso si no uso ninguna estrategia de afrontamiento.
Si trato de hacer algo importante cuando estoy ansioso, es muy probable que tenga un rendimiento inferior y las consecuencias de eso serán terribles.	Hacer predicciones catastróficas cuando estoy ansioso es una trampa de pensamiento. Puedo prepararme para funcionar lo mejor posible y aprender a hacer progresos para el futuro.

Todas las ideas del lado izquierdo del cuadro implican reducir la ansiedad o dejar de hacer actividades hasta que no nos sintamos tan ansiosos. Estos objetivos centrados en las emociones y de evitación suenan razonables, por eso muchas personas mantienen estas creencias. Después de todo, ¿quién quiere tener un rendimiento inferior, sentirte física o emocionalmente incómodo o luchar con pensamientos perturbadores? ¿No sería mejor sólo alejarse de esas molestias?

A corto plazo, quizá sí. Pero con el tiempo, entre más confiemos en las herramientas que enfatizan el "sentirse mejor", menos hábiles nos volveremos para entender y abordar las causas de la ansiedad, resolver problemas y ser más resistentes cuando no hay forma de escapar de la incomodidad.

Al trabajar tan duro para eliminar los pensamientos y sentimientos que causan ansiedad, nos demostramos que la ansiedad nos controla y siempre ganará cuando pida atención o se burle de nosotros. Si nuestra única esperanza es bajarle el volumen… vamos a perder. Entre más luchemos o huyamos, la ansiedad trabajará más fuerte para controlarnos. La mente ansiosa se esforzará para tener poder sobre ti, así que llegó el momento de probar algunas tácticas diferentes.

Reflexiona un poco sobre las ideas presentadas hasta ahora en el capítulo. ¿Hay dos o tres que se destacaron y sería importante recordar? Escribe en tu cuaderno con tus palabras algunas formas nuevas de pensar sobre la ansiedad y cómo responder a ella que te gustaría recordar conforme avanzas en el libro.

MUÉSTRALE A TU ANSIEDAD QUIÉN MANDA

Como sugiere el título del libro, el pensamiento ansioso no tiene por qué controlarte. Puedes voltear las cosas y mostrarle a tu ansiedad que tú mandas y tienes opciones. Si tus estrategias actuales no funcionan, es hora de cambiar tu perspectiva sobre la naturaleza de la ansiedad y las mejores formas de responder a ella. Los métodos presentados en este libro se basan en los principios utilizados en la terapia cognitivo-conductual (TCC), un tratamiento para la ansiedad basado en evidencia y dirigido a objetivos que te ayudará a seguir las tres estrategias básicas del libro y pensar de manera productiva, actuar para superar desafíos y soportar pensamientos y sentimientos de ansiedad. Las estrategias de TCC presentadas aquí no sólo son útiles para controlar la ansiedad significativa clínicamente. También las puede usar cualquier persona que descubra que la ansiedad afecta su calidad de vida.

La TCC considera que los desafíos emocionales, como la ansiedad, depresión, ira, culpa y vergüenza están influenciados por la cognición (la forma en que pensamos) y los patrones de comportamiento, como la evitación. Cuando experimentamos angustia, es evidente. Los sentimientos intensos, desagradables e incontrolables son muy notorios porque aprendimos que no deberían existir a menos que estemos en peligro. Es natural poner atención a estos sentimientos y trabajar lo más duro posible para deshacerse de ellos. Por desgracia, las emociones no tienen interruptores de prendido/apagado, así que frustrarse, tratar de relajarse o intentar "soltarlo todo" tal vez no sirva mucho.

Y mientras hacemos estas cosas, es fácil pasar por alto información importante para el manejo de la ansiedad a largo plazo: qué estamos pensando y haciendo. En un intento por sentirnos mejor en el momento, nuestras emociones nos distraen, lo que dificulta reconocer los pensamientos y comportamientos que podemos tra-bajar y modificar. Si aprendemos a cambiar la forma en que pensamos y nos comportamos antes, durante y después de que la ansiedad asome su fea cabeza, pueden suceder algunas cosas sorprendentes: situaciones nuevas o desafiantes se vuelven menos propensas a desencadenar ansiedad, los síntomas se vuelven menos intensos, desarrollamos un mayor sentido de control personal y será más fácil tolerar la ansiedad mientras hacemos las cosas que de verdad valoramos en la vida.

TRES ESTRATEGIAS

En los siguientes capítulos consideraremos tres estrategias para lidiar con pensamientos molestos que provocan ansiedad y tienen demasiado poder sobre cómo nos sentimos y qué hacemos.

1. Predicciones útiles, no fantasías ansiosas

Si crees que un proyecto o un examen será "brutal", que "todo el mundo" es malo, que eres "un fracaso" si no logras algo, que "odias" las reuniones familiares… entonces, pues, felicidades… al menos tu pensamiento es económico.

El problema con esta forma de pensar es que, al ignorar los aspectos sutiles de las situaciones, limitas tus opciones emocionales y conductuales. Si piensas en términos absolutos, predices lo peor y exageras los elementos negativos de tus experiencias, es más probable que no sólo batalles con la ansiedad, sino también con otras emociones como ira o depresión. Y este tipo de pensamiento también conduce a patrones de comportamiento predecibles: evitación, pasividad o impulsividad.

Si detectas tus pensamientos destructivos, puedes hacerte una serie de preguntas para promover la flexibilidad cognitiva. "¿Cuál es la evidencia a favor y en contra de esta idea? ¿Es posible que otra perspectiva sea más precisa? ¿Estoy exagerando o prediciendo lo peor? ¿Existe una forma más realista de pensar en esto? ¿Cómo me siento cuando pienso así? ¿Cómo me siento cuando pienso de manera más realista?

Con la práctica regular descubrirás que tu pensamiento se vuelve más matizado sin siquiera proponértelo. Y si tu mente ansiosa actúa como un disco rayado y continúa prediciendo lo peor, lograrás responder con predicciones más precisas y útiles que te prepararán para mejores resultados emocionales y conductuales.

2. Actúa, pide satisfacción

Si llegas a la conclusión de que tus preocupaciones sobre las amenzas o los desafíos futuros son realistas, será muy fuerte la necesidad de evitar por completo una situación que te provoque ansiedad. En esos casos es útil enfrentar los deseos de evitación y actuar de todos modos. Lo que hagas puede incluir la resolución de problemas para eliminar obstáculos o sólo comprometerte con las actividades que valoras más que manejar la ansiedad.

Cuando notes deseos de evitación, explora tus opciones para tomar medidas. Si algo está mal, ¿qué hacer para arreglarlo o mejorarlo? Si el futuro parece abrumador o doloroso, ¿cómo planeas hacer las cosas más manejables? Si crees que estarás demasiado ansioso para asumir un desafío importante, ¿qué ganarías si aceptas el riesgo y lo intentas de todos modos?

En la mayoría de las situaciones, incluso en las que parecen imposibles de mejorar, hay algo que hacer para *mejorar un poco las cosas*. Los ejemplos incluyen escribir temas para preparar una conversación difícil, describir los pasos involucrados en un gran proyecto y comprometerte a dar el primer paso, eliminar los obstáculos prácticos que te impiden hacer cosas y cumplir con los compromisos que hiciste contigo o con los demás, incluso si la ansiedad está presente.

A veces evitamos tomar medidas porque nos preocupa nuestra capacidad para lograr un resultado específico. Pensamos: "Si las cosas no van bien, tal vez sea mejor no intentarlo". En vez de concentrarte tanto en el resultado final de tu esfuerzo, pedir satisfacción se trata de atender el proceso: tu enfoque para planear, resolver problemas y vivir de acuerdo con tus valores. Si tus respuestas son consistentes y efectivas, serás mejor en reconocer el impacto de actuar. También te volverás más indulgente cuando las cosas no sean perfectas o no puedas controlar todo lo que sucede.

Actuar te dará una mayor sensación de control personal (muy importante en el manejo de la ansiedad). Cuando la ansiedad sugiere que no puedes sobrellevar la situación o que el futuro será catastrófico, puedes enseñarle quién manda actuando de todos modos.

3. Aceptar y redirigir

Las estrategias anteriores resaltan el valor del control personal, ya sea cognitivo o conductual, para contrarrestar las predicciones espontáneas e irritantes que conducen a la angustia o disfunción emocional. Pero la ansiedad intensa a menudo se relaciona con creencias sobre el control en sí. Creemos que perdimos el control, que las cosas son intolerables si no podemos controlarlas, o que otros tienen demasiado control.

Entonces, ¿qué hacer cuando modificaste tus pensamientos para que sean más precisos y útiles y abordaste los obstáculos prácticos al actuar, pero sigues luchando con pensamientos, sentimientos, sensaciones y deseos destructivos que contraatacan cuando intentas defenderte?

La respuesta basada en la aceptación es una forma de cambiar tu relación con la ansiedad. Al permitir, en lugar de manipular, tu experiencia interna te demuestras que, si te sientes ansioso, no debes temer. Puedes relacionarte con la ansiedad de modo diferente: con objetividad, calidez, tolerancia, incluso humor. Y cuando lo haces, también puedes continuar con tu vida y participar en actividades que te importan, sin permitir que la ansiedad te controle.

Si por lo general respondes a la ansiedad criticando o diciéndote "cálmate", quizá le estás dando más poder del que merece. Las personas que aprenden a poner atención a la ansiedad, reconocer su existencia sin juzgar, permitir que permanezca y redirigir su atención a lo más significativo en el momento, a menudo viven una vida satisfactoria.

Practicar la aceptación básica te da un descanso de intentar controlar los pensamientos que no te gustan. Cuando la ansiedad trata de enseñarte quién manda, puedes darle la vuelta sin defenderte. A veces nuestra mejor respuesta es dejar que la ansiedad haga su trabajo misterioso y desconcertante y poner nuestra atención en los aspectos de la vida que más valoramos.

CÓMO AYUDA ESTO Y QUÉ SIGUE

Es importante recordar que la ansiedad está influenciada por predicciones sobre el futuro que muchas veces son sesgadas e inexactas. Cuando la ansiedad crea problemas en nuestra vida es fácil pensar que los problemas serán más grandes de lo que son o que no podremos responder con eficacia. También es importante señalar que nuestras respuestas conductuales a la ansiedad (ya sea evitación o afrontamiento centrado en las emociones) pueden engañarnos y hacernos pensar que son más útiles de lo que son en realidad. A corto plazo, estos intentos de enfrentar la situación parecen buenos, pero a menudo nos impiden respuestas más realistas y útiles que a la larga dan sus frutos.

Un último punto es que la ansiedad es una emoción confusa, ya sea porque no siempre la notamos o porque no responde bien a las tácticas de control, así que es normal sentirte frustrado por el desafío de manejarla. Por estas razones es importante ser paciente y darte crédito por explorar nuevas formas de comprender y responder a la ansiedad.

La siguiente sección del libro, "Predicciones útiles, no fantasías ansiosas", presenta la primera estrategia básica para el manejo de la ansiedad del programa de tres pasos; en el próximo capítulo empezarás a pensar en esta primera estrategia. Considerarás el valor de las predicciones realistas, las consecuencias no deseadas de las fantasías ansiosas y por qué (a pesar de los inconvenientes de las ideas inexactas o dañinas sobre el futuro) seguimos creándolas y confiando en ellas. Esta información te ayudará a concentrarte menos en tratar de impedir que surjan las fantasías ansiosas y más en responder con razón, acción y aceptación.

Predicciones útiles, no fantasías ansiosas

2

La mente ansiosa: ¿amiga o enemiga?

En el capítulo anterior consideramos las predicciones orientadas al futuro que influyen en el desarrollo de la ansiedad. En resumen, son:

1. Algo malo va a pasar.
2. Cuando eso pase, será catastrófico.
3. No podré afrontarlo.

A veces es razonable hacer predicciones como éstas. Por ejemplo, si crees que va a pasar algo malo porque no pagaste la multa por exceso de velocidad que recibiste hace siete meses, seguro tienes razón. Es muy probable que te pongan una sanción adicional, como multa o corralón, y sólo es cuestión de tiempo para que suceda.

Del mismo modo, si crees que las consecuencias de enviar un correo electrónico enojado, largo y cargado de improperios a tu jefe serán catastróficas, pocos te acusarían de exagerar la amenaza. A menos que tu jefe sea inusualmente impasible, corres el riesgo de ser reprendido o despedido. Y si no crees poder afrontar un desafío inusualmente difícil (como tomar una clase de cálculo universitario cuando apenas cumpliste con los requisitos mínimos de matemáticas en la prepa) tienes experiencia previa para respaldar tu predicción (incluso esforzándote mucho, es probable que te resulte difícil mantenerte al día y aprobar la materia).

Cuando nuestras predicciones son realistas, como en los ejemplos anteriores, experimentamos ansiedad, pero nos beneficiamos de notar nuestras creencias y respondemos con un comportamiento dirigido a objetivos para aumentar las posibilidades de que los próximos desafíos sean manejables.

Ejemplos de acciones para lograr resultados más favorables en las situaciones antes mencionadas incluyen: reconocer tu incumplimiento en el pago de una multa a tiempo y abonar antes de que el problema empeore; usar un tono y un lenguaje respetuosos mientras te reivindicas en persona con tu jefe, y tomar clases de matemáticas intermedias con ayuda de un tutor. Estrategias conductuales simples como éstas son herramientas poderosas contra la ansiedad. Y actuar para manejar los desafíos venideros no sólo es útil para resolver problemas, también proporciona evidencia de comportamiento para respaldar creencias útiles como: "Puedo afrontar y la ansiedad no me impedirá vivir mi vida".

Cuando tus preocupaciones sobre el futuro son realistas y tu capacidad para funcionar mejora al cambiar tu comportamiento, tu estrategia de manejo de la ansiedad deben ser acciones razonadas e intencionales. Por otro lado, cuando crees que el futuro es demasiado peligroso para confrontarlo y la ansiedad te impide cumplir con tus responsabilidades o hacer lo que valoras, es importante que te prepares de forma cognitiva para lo que podría pasar y lo que harás al respecto. A menudo la ansiedad que afecta el funcionamiento se ve afectada por patrones de pensamiento más sesgados que realistas. Una vez que sepas cómo reconocer y reestructurar predicciones dañinas, estarás más preparado para superar la ansiedad en lugar de alejarte de situaciones que parecen demasiado difíciles.

¿QUÉ SON LAS FANTASÍAS ANSIOSAS?

Cuando nuestras predicciones están sesgadas (es decir, cuando sobrestimamos el potencial de amenaza y subestimamos nuestro potencial de afrontamiento), nuestros pensamientos orientados al futuro se entienden mejor como *fantasías ansiosas*. Contrarias a las predicciones útiles basadas en la realidad, las fantasías ansiosas son distorsionadas, poco realistas y destructivas.

Muchas veces las fantasías ansiosas carecen de especificidad. Recuerdo que hace poco, antes de una reunión de trabajo, pensé: "Esto va a salir mal". Claro, esto provocó un leve, pero notable, aumento de mi ansiedad. Cuando me di cuenta, me detuve un momento y consideré las respuestas a estas preguntas:

- En específico, ¿qué creo que saldrá mal?
- ¿Qué tan mal?
- ¿Cómo lo sé?
- ¿Qué puedo hacer al respecto?

Pronto me di cuenta de que estaba preocupado por no tener mucha información que compartir con mis colegas. Pensé que se decepcionarían y me sentiría culpable por no prepararme más. Pero luego recordé que en reuniones anteriores nadie parecía tener problemas con cuánto compartían los demás, siempre y cuando todos tuvieran un puñado de ideas para ofrecer al grupo. Me sentí un poco más relajado y decidí dedicar 10 minutos a escribir algunos temas de conversación antes de la reunión, la cual salió bien. Demasiado para la fantasía ansiosa "esto va a salir mal". Después de reconocerla, tuve la oportunidad de cuestionar el pensamiento y revisar mi perspectiva. En realidad no creía que toda la reunión sería un desastre. Sólo me preocupaba sentirme un poco culpable por no tener contenido para compartir. Al corregir mi pensamiento para que fuera más específico, mejoró mi funcionamiento de tres maneras:

1. Me dio algo que abordar para estar más preparado en la reunión.
2. Redujo mi ansiedad al darme cuenta de que sólo un aspecto de la reunión (no toda) podría no salir bien.
3. Me permitió tolerar la ansiedad que surgió, porque sabía que era temporal y prevenible en el futuro.

Sí, este ejemplo presenta la reestructuración cognitiva como una solución a un problema menor. Pero cuando consideras el impacto de estas estrategias en situaciones que provocan mucha más ansiedad, se vuelve evidente el valor de tomarse unos momentos para responder a fantasías ansiosas con predicciones útiles.

"PRONÓSTICO NEGATIVO": LAS CONSECUENCIAS DE TRES FANTASÍAS ANSIOSAS

No todo el mundo cree que es importante notar y modificar las fantasías ansiosas. Algunos defienden esta forma de pensar porque "cuando predigo lo peor, ¡me sorprendo gratamente si las cosas salen bien!". Claro, este argumento tiene valor sólo si te centras en el éxito o fracaso futuros (o si prefieres el éxito relativo sobre cualquier revés). Pero incluso si lo haces, es importante no pasar por alto los inconvenientes de confiar en fantasías ansiosas como guía. Hay tres consecuencias no deseadas a considerar.

Consecuencias físicas

Si crees que va a pasar algo malo, prepararás tu cuerpo de manera inconsciente para hacer frente a la amenaza. Esto no siempre es malo, en especial si experimentas una respuesta de miedo ante una amenaza física e inmediata, en vez de ansiedad. Por ejemplo, si un perro enojado te va a atacar, no tienes tiempo de preguntarte un montón de cosas sobre el grado de riesgo y tus opciones para afrontarlo. Más bien produces una serie de respuestas automáticas en todo el cuerpo que te preparan para defenderte o huir. Todos sentimos los cambios corporales que nos ayudan a prepararnos para una acción rápida y poderosa. El corazón late más rápido, la respiración se acelera y los músculos se tensan. Quizá no tenemos la condición de un atleta para igualar a un canino furioso, pero al menos nuestro cuerpo responde dándonos la oportunidad de protegernos.

Por desgracia no siempre somos buenos para distinguir las amenazas físicas de las fantasías ansiosas, así que nuestras respuestas fisiológicas tienden a ser las mismas para ambas. Y esta colección de respuestas internas nos sirve bien cuando estamos en peligro de ser atacados, pero no tanto cuando nos encontramos con una amenaza personal o social. Claro, hay algunos casos donde las respuestas físicas aportan algún valor. Por ejemplo, si llega la fecha límite para presentar un proyecto importante y tu cuerpo reacciona a la amenaza percibida, la agitación interna podría entenderse como una señal. Es como si tu cuerpo te dijera "¡ya empieza a trabajar en ese proyecto!" porque las consecuencias de esperar son desfavorables.

Pero, si *con regularidad* consideras las situaciones de *bajo riesgo* como amenazas o *exageras* su importancia, las reacciones físicas aumentan en frecuencia e intensidad. Cuando esto sucede, se altera el juicio de la amenaza y aumentan las reacciones físicas a desafíos menores.

Tratar las situaciones ordinarias (pagar facturas, publicar en redes sociales, encontrar estacionamiento o mantener la conversación en una primera cita) como amenazas significativas y abrumadoras tiene un efecto en el cuerpo que no está muy lejos de lo que sucedería si nos encontráramos con el perro enojado, que mencioné antes, varias veces al día, todos los días. Los desafíos personales y las amenazas sociales rara vez son tan problemáticos como las amenazas físicas, por eso es importante verlos con precisión para prepararnos para enfrentarlos.

Un buen ejemplo de una amenaza social con la que muchos nos identificamos es hablar frente a un grupo. La preocupación de ser juzgado con dureza por los demás provoca mariposas en el estómago, temblores, sudoración, incluso hiperventilación. Aunque sabemos que no hay posibilidad de lesiones o muerte, nuestro cuerpo responde como si las hubiera. Esto conduce a una serie de problemas que afectan nuestra capacidad de hablar con confianza. Notamos los síntomas físicos, tratamos de controlarlos, nos frustramos cuando persisten y dirigimos más atención a nosotros que a la audiencia. Luego, cuando la calidad de la comunicación sufre, generamos fantasías ansiosas similares en el futuro y el patrón se repite. Nos quedamos con creencias firmes sobre la ineficacia social, las reacciones negativas de los demás y la inevitabilidad de sufrir situaciones similares cada vez que se presentan. Si tienes problemas de ansiedad social, seguro esta rutina te resulta familiar.

Ya sea un desafío personal o social, cuando nos creemos en peligro la respuesta cerebral y corporal es muy parecida a las reacciones ante la amenaza de un ataque. Estas consecuencias físicas de las fantasías ansiosas son problemáticas por dos razones. Una: nos distraen, lo que afecta nuestra capacidad para funcionar con eficacia cuando enfrentamos un desafío. La otra: cuando las fantasías ansiosas dominan nuestro pensamiento sobre el futuro, la agitación física crónica y la tensión se convierten en un problema, lo que aumenta el riesgo de reacciones de estrés y una variedad de resultados negativos para la salud.

Consecuencias emocionales

Conforme reflexionas o avanzas hacia situaciones que provocan ansiedad, entre más seguro estés de los contratiempos futuros, mayor será la angustia emocional. La angustia emocional es más difícil de definir que la agitación física. ¿Por qué? Porque hay un elemento subjetivo para etiquetar las emociones. Por ejemplo, para decidir que "estoy ansioso", hay que poner atención a otras fuentes de información. Una son tus pensamientos. Cuando detectas fantasías ansiosas, las evalúas. Es decir, interpretas tus creencias para ayudarte a etiquetar tus emociones y su intensidad.

Hace poco me llamó la atención el vínculo entre las fantasías ansiosas y el etiquetado emocional. Fui a cambiarle el aceite a mi auto y cuando estaba a punto de irme descubrí una mancha de aceite en el asiento. Al pensar en pedirle al ocupado mecánico que lo limpiara, predije: "Me gritará" (a pesar de que nunca había experimentado esa respuesta). Sólo mi expectativa me llevó a concluir que estaba ansioso y, por eso, fue difícil decidir si señalar el derrame. Lo reflexioné, decidí que era una solicitud razonable y concluí que era poco probable que el mecánico gritara. Luego pedí ayuda. Lo interesante es que (incluso después de que reestructuré mi pensamiento, me acerqué al mecánico y me enteré de que estaba más que feliz de limpiar el derrame que pasó por alto) seguía un poco ansioso, pero me alegré de haber dicho algo de todos modos. Ejemplos como éstos destacan la forma en que el uso de las fantasías ansiosas puede llevar tanto a un etiquetado emocional como a consecuencias emocionales duraderas.

El acto de pensar en tus pensamientos se llama *metacognición*. El proceso metacognitivo exacerba la ansiedad si ponemos atención a nuestras fantasías ansiosas, las creemos y concluimos que estamos en peligro. Pero, como indica el ejemplo anterior, podemos aprender a reevaluarlas, reconocerlas como ideas sesgadas y reestructurar las creencias o permitir que existan. Todo esto mientras hacemos cosas más importantes que sólo concentrarnos en lo incómodos que nos sentimos.

También creamos etiquetas de sentimientos basadas en sensaciones físicas. Si tu cuerpo se pone tenso y estás concentrado en la agitación interna, seguro piensas "estoy ansioso", pero esto es más un juicio que un hecho. Por ejemplo, si estuvieras tomando una clase de ejercicio de alto impacto en el gimnasio, experimentarías muchas de las sensaciones físicas de la ansiedad. Pero si tus músculos estuvieran tensos y lucharas por recuperar el aliento, quizá lo verías como una respuesta normal o saludable y usarías una etiqueta emocional como "estoy lleno de energía" para darle sentido a tu experiencia.

Cuando creamos fantasías ansiosas, sacamos el conocimiento de las creencias y las sensaciones físicas y, subjetivamente, decidimos: "Estoy ansioso". Y para algunos el etiquetado no se detiene ahí. Si respondes a la etiqueta emocional con fantasías más ansiosas (predicciones catastróficas como "voy a tener un ataque cardiaco", "me desmayaré" o "voy a perder la cabeza"), entonces la ansiedad subjetiva se vuelve aún más intensa. Este proceso metacognitivo de etiquetar la ansiedad en sí misma como una amenaza es una explicación de la intensa oleada de miedo que se produce durante los ataques de pánico. En esencia, el pánico es "ansiedad por la ansiedad en sí". El primer paso para controlar estos síntomas es abordar el rol contribuyente de las fantasías ansiosas.

Consecuencias conductuales

Si crees que te encontrarás con algo malo, que las consecuencias serán catastróficas y que no podrás afrontarlo, es probable que evites algunas situaciones por completo. Como se discutió en el capítulo anterior, esta evitación es el sello conductual de la ansiedad. La evitación funciona muy bien para protegernos del peligro, pero es súper frustrante cuando impide que nos hagamos cargo de nuestras responsabilidades o participar en actividades significativas.

Un ejemplo de evitación es no ir al médico cuando notas problemas o malestares importantes. Si experimentas molestias gastrointestinales, mareos después de subir un tramo de escaleras, dificultad para respirar y dolor en el pecho cuando despiertas en las mañanas, seguro es buena idea programar una cita con el médico. Pero muchos no lo hacemos. Creemos que el consultorio nos pondrá ansiosos; quizá la preocupación se relaciona más con los resultados de las pruebas y la posibilidad de necesitar medicamentos, cirugía o alguna otra intervención médica. Tiene mucho sentido conseguir información que te ayude a tomar decisiones importantes sobre tu salud, entonces ¿por qué no la buscas con tu doctor?

A corto plazo, la evitación nos da la oportunidad de distanciarnos de la ansiedad. Si no vas al médico ni obtienes los resultados de las pruebas, no tendrás que lidiar con la incomodidad de experimentar algo que no te gusta o que no estás preparado para aceptar. El problema es que persisten la angustia y la ansiedad por las preocupaciones médicas, la cita, los resultados de las pruebas y los posibles procedimientos. La evitación soluciona la angustia en el momento, pero no resuelve el problema. Incluso puede empeorarlo. Claro, es posible que no te guste lo que te diga el doctor, pero ya sea que descubras que no hay nada de qué preocuparte o que debas abordar un problema grave, es mejor saberlo ahora, porque la preocupación, la ansiedad y la gravedad de los problemas médicos sólo aumentarán con el tiempo.

La interacción de las consecuencias

En conjunto, los efectos de las fantasías ansiosas son muy significativos. Experimentamos agitación *física*, tensión, malestar subjetivo, etiquetado de pensamientos y sentimientos como la *emoción* de "ansiedad" y evitación *conductual* habitual. Mientras manejamos esta interacción de pensamientos, sensaciones, emociones y comportamientos, empezamos a aceptar las fantasías ansiosas como verdades y confiamos en ellas una y otra vez. Piénsalo: si la experiencia confirma tus fantasías ansiosas, seguro volverás al modelo cognitivo que parece explicar todo.

Comparo este proceso de pensamiento con la forma en que trabajan los científicos: desarrollan hipótesis, recopilan datos y extraen conclusiones. Preguntan: "¿Los datos respaldan mis hipótesis o debo modificarlas para el futuro?". Es fácil engañarnos pensando que nuestra comprensión de la realidad es similar: "Pensé que me pondría ansioso y, sí, lo hice. Hipótesis confirmada". Claro, el problema es que, a diferencia de cómo operan los científicos, nuestras hipótesis (las fantasías ansiosas) no se distinguen de nuestras experiencias. Nuestras fantasías ansiosas *influyen* en las sensaciones, emociones y comportamientos, por eso hay que tener cuidado al aceptar nuestras creencias como verdades. Incluso cuando nuestras expectativas de amenaza o afrontamiento inadecuado son exageradas y no están respaldadas por la experiencia, las desagradables consecuencias emocionales y físicas surgen de todos modos y eso dificulta el funcionamiento.

¿POR QUÉ CREAMOS FANTASÍAS ANSIOSAS?

El hecho de crear (y creer) nuestras fantasías ansiosas parece confuso. ¿De dónde proviene este estilo cognitivo? Y si de verdad es tan peligroso, ¿para qué sirve? Hay cuatro factores que contribuyen a su uso:

Vivir con facilidad: la realidad implica esfuerzo

Los seres humanos prefieren el pensamiento económico. Los procesos que requieren menos esfuerzo son atractivos intrínsecamente porque nos permiten ahorrar energía y dirigirla hacia otras tareas más exigentes. Muchas veces, este estilo cognitivo nos funciona bien, pero es contraproducente cuando se trata de ansiedad.

Un pensamiento ansioso requiere menos esfuerzo que un pensamiento más realista y útil. Por ejemplo, si estás en un restaurante y quieres pedirle a la mesera que se lleve un platillo malo y poco cocido, rápido pensarás: "Se molestará si le pido que me lo cambie y luego me avergonzaré". O tal vez ni siquiera te esfuerces en evaluar la situación y sólo pensarás "será incómodo" o alguna idea similar simplificada y sin detalles.

Esto requiere mucho menos esfuerzo que pensar: "Si hago una solicitud cortés para que me cambie la comida es poco probable que reaccione mal. Además, es una petición razonable. Si se enfada, estaré tranquilo porque estoy pagando por una buena comida y es justo esperar que esté bien preparada. Lo más probable es que quiera complacerme, incluso si es un poco complicado para ella y el chef, estas cosas suceden… y estaré mucho más feliz con una buena comida que con la que me trajeron".

La segunda idea es más realista, pero generarla requiere más trabajo. Nuestra preferencia por la economía de expresión a menudo nos lleva a fantasías ansiosas simplistas que aumentan el riesgo de ansiedad.

Sesgo de negatividad: prepararse para lo peor

Otra explicación para las fantasías ansiosas es nuestro *sesgo de negatividad*, esto significa que, en una situación, nos atrae más lo que amenaza que lo que nos hace sentir seguros. Poner atención a la información que sugiere que sucederá algo malo puede ser útil porque, como se discutió antes, crea una oportunidad para prepararnos y protegernos. Pero tal tendencia, combinada con la preferencia por el pensamiento económico, hace que dependamos de esta estrategia con demasiada frecuencia (incluso cuando el grado de riesgo es bajo) por lo que terminamos preparándonos para lo peor sin necesidad. El truco consiste en encontrar un buen equilibrio entre poner atención a la información sobre amenazas y, al mismo tiempo, generar creencias realistas sobre el futuro.

¿Pasado = futuro?

Nuestra comprensión de las experiencias pasadas también genera fantasías ansiosas. Si has experimentado numerosos contratiempos, incluso con sólo *creer* que es cierto aumentan las probabilidades de predecir que el futuro producirá resultados no deseados. Por ejemplo, la gente con ansiedad por conducir en la autopista recuerda incómodos síntomas físicos (como hiperventilación) y cognitivos (como pensamientos acelerados) cuando intentaron conducir en el pasado. Si se presenta la oportunidad de volver a manejar en autopista, regresan esos recuerdos y surgen fantasías ansiosas.

Piloto automático

Por último, las fantasías ansiosas aparecen como respuestas automáticas, por eso no siempre las notamos ni las modificamos. Es fácil reconocer cuán automático parece ser nuestro comportamiento cuando realizamos tareas diarias. Preparar el desayuno, cepillarnos los dientes y conducir al trabajo son ejemplos de cosas que hacemos todo el tiempo y no requieren mucha conciencia. Por supuesto, todavía pensamos en los pasos que debemos seguir para hacer estas cosas, pero los pensamientos surgen rápido y sin mucho procesamiento: son automáticos.

Las fantasías ansiosas funcionan de la misma manera. Si alguna vez has querido rechazar la invitación de visita de un amigo, tal vez te sentiste ansioso de inmediato, pero no entendiste por qué. Quizá te preocupaba que tu amigo pensara que estabas molesto con él, así que no te enfocaste en la veracidad de esa creencia, sino en lo incómodo que te haría sentir y en lo que podrías hacer o decir para facilitar las cosas. En ese momento puede que sea demasiado tarde para relajarse lo suficiente como para empezar a hablar con confianza, por eso, muchos pensamos de forma reactiva: "Lo mejor que puedo hacer es concentrarme en el control de daños".

¿CÓMO AYUDA ESTO? ¿QUÉ SIGUE?

La ansiedad puede ser una señal útil para actuar cuando la impulsan preocupaciones realistas sobre el futuro. Pero cuando está influenciada por fantasías ansiosas (creencias que sobrestiman la amenaza y subestiman nuestro potencial para afrontarla), la colección de respuestas físicas, emocionales y conductuales puede ser tan abrumadora que sufrimos con la angustia y la disfunción. Aunque es difícil entender por qué aparecen y persisten las fantasías ansiosas, las explicaciones incluyen nuestro deseo de pensar de manera eficiente, la intriga de la negatividad, los contratiempos pasados y la naturaleza automática de los pensamientos bien aprendidos.

El próximo capítulo cubrirá en detalle las tres fantasías ansiosas (y otras distorsiones cognitivas) que hacen a la ansiedad tan difícil de manejar. Trabajarás en detectarlas y etiquetarlas cuando ocurran para que puedas evaluar si son precisas y realistas y, luego, responder con predicciones más útiles para prepararte ante los próximos desafíos.

Resumen del capítulo: PUNTOS CLAVE

✓ Incluso las predicciones realistas sobre contratiempos futuros causan ansiedad, pero es más fácil actuar cuando hemos evaluado con precisión los desafíos futuros.

- -

✓ Las fantasías ansiosas son sesgadas, súper negativas y peligrosas. Aprender a pensar de formas más precisas y útiles facilita el manejo de la ansiedad.

- -

✓ Las fantasías ansiosas tienen consecuencias físicas, conductuales y emocionales. Cuando lo notamos, creemos que nuestras predicciones están confirmadas por la experiencia, lo que nos hace más propensos a volver a confiar en fantasías ansiosas en el futuro.

- -

✓ Aunque es poco probable que nos beneficiemos de crear y creer en fantasías ansiosas, lo hacemos porque requiere poco esfuerzo, los aspectos negativos nos llaman la atención, reflexionamos sobre los contratiempos pasados y las fantasías bien ensayadas surgen de forma automática en vez de intencional.

- -

3

Identificar fantasías ansiosas

Cuando pido a las personas que se quejan de ansiedad que me digan por qué están ansiosas, me sorprende con qué frecuencia responden: "¡Todo!". Por lo general, reacciono con un asombro fingido. "¿Todo? ¿Eso significa levantarte de la cama, beber un vaso de agua, amarrarte las agujetas o navegar en tus páginas de internet favoritas?"

"Está bien, bueno, obvio esas cosas no", contestan.

Parece una tontería señalar que decir "todo" provoca ansiedad, no significa *realmente* todo, porque sabemos que es la abreviatura de un pensamiento más largo y complicado. Pero ¿cuál es la verdadera creencia, la idea que representa la palabra "todo"? ¿Significa que "muchas cosas" causan ansiedad? ¿Significa "no sé por dónde empezar y no podría enumerarlas todas"? ¿Quizá "es demasiado incómodo pensar en lo que me pone ansioso, pero se *siente* como todo"? ¿O "estoy ansioso por una o dos cosas, pero me preocupo mucho por ellas"?

Quizá te preguntas si de verdad es necesario ser tan preciso. Cuando se trata de manejar la ansiedad, el lenguaje es muy importante. Recuerda, la ansiedad está influenciada de forma directa por el uso de las fantasías ansiosas, por eso las ideas que exageran el riesgo o subestiman nuestro potencial para afrontarlo crean problemas de manejo de la ansiedad.

Este capítulo cubrirá los errores cognitivos comunes que hacen que la ansiedad parezca abrumadora y difícil de regular. Detectar tus sesgos conforme ocurren te ayudará a cuestionar la precisión de tu pensamiento y a reestructurar las creencias equivocadas para que sean más útiles.

CUANDO TODO ES MALO, NADA ES BUENO

La creencia general de que "todo" causa ansiedad es un buen ejemplo de un error cognitivo llamado *generalización excesiva*. Esto implica reflexionar sobre un puñado de experiencias negativas y concluir que el resto son, o serán, lo mismo. Un error cognitivo muy relacionado es el *pensamiento dicotómico o de todo o nada*, una tendencia a asignar mentalmente experiencias y expectativas a una de las dos categorías opuestas. Estos sesgos en el pensamiento son fáciles de identificar y se relacionan con una variedad de alteraciones emocionales, por eso es bueno familiarizarse con ellos antes de explorar los errores cognitivos específicos de la ansiedad.

Palabras como "todo", "todos", "nada", "nadie", "siempre" y "nunca" sugieren que aceptamos sólo dos opciones para entender a las personas que nos rodean, a nosotros y al futuro. Pero nuestras experiencias colectivas suelen ser mucho más matizadas que esto. Dar sentido a la vida agrupando lo que sabemos en una de las dos categorías opuestas crea una rigidez artificial que rara vez ocurre en la vida real.

Piensa en las implicaciones de la generalización excesiva y el pensamiento de todo o nada. Si estás ansioso por *todo*, seguro no harás *nada* porque la incomodidad y la posibilidad de los contratiempos serían un problema en *todas* las situaciones, *todo* el tiempo. Y si eso fuera cierto, ¿por qué *intentar* cambiar *algo* si ya llegaste a la conclusión de que es un esfuerzo inútil?

Este enfoque categórico para entender la vida es bastante notorio entre los que luchan contra la depresión. Por ejemplo, alguien que cree que las personas deben identificarse como un "éxito" o un "fracaso", en lugar de algo intermedio menos extremo. Como resultado, cuando evalúa sus contratiempos y se compara con alguien a quien considera un éxito, concluye que es un fracaso y se pregunta si vale la pena esforzarse por mejorar su vida. Incluso podría adherirse demasiado a esta creencia y minimizar los comentarios de otros cuando le dicen que ha experimentado ambos (éxito y fracaso), que tal vez su autocrítica es exagerada y que pensar de esta manera es, en parte, causante de su estado de ánimo deprimido.

Como demuestra este ejemplo, cuando nos juzgamos con dureza y resumimos nuestro comportamiento o valor personal con etiquetas críticas de todo o nada como "fracaso", "debilucho", "idiota" o "perdedor", limitamos nuestras opciones emocionales y conductuales. Es como si ya hubiéramos llegado a la conclusión de que no hay lugar para crecer, cambiar o sentirse mejor... y estamos destinados a quedar atrapados en estas categorías desesperadas para siempre. No sólo eso, sino que cuando pensamos así (y, como resultado) dejamos de intentar cambiar nuestras circunstancias y creamos más evidencia para fortalecer creencias rígidas y muy negativas sobre nuestra insuficiencia. Cuando consideramos estas consecuencias, el vínculo entre las creencias y la depresión es directo, pero este tipo de pensamiento también predice otras emociones difíciles. Por ejemplo, podrías tener ansiedad por un evento social próximo ("no le agradaré a *nadie*") que te lleve a un pensamiento desesperado y depresivo sobre ti ("y *nada* de lo que haga marcará la diferencia"), seguido de un pensamiento de resentimiento y de ira sobre los demás ("y *todos* son unos idiotas por no ayudarme a sentirme más cómodo").

UN CAMBIO PARA MEJORAR

Reflexiona sobre algún momento en que tu pensamiento creó una barrera para el éxito en una situación social. ¿Qué pasaba por tu mente? Quizá pensabas en ti como socialmente "ineficaz", predijiste que sería "aburrido" o juzgaste a otros que no mostraron más interés como "egoístas". ¿Qué hiciste con tu pensamiento? ¿Lo notaste siquiera? Si es así, ¿lo aceptaste al pie de la letra, te dijiste "supéralo", trata de no pensar en eso o concéntrate en otra cosa? Estrategias como éstas nos brindan un poco de alivio, pero casi no ayudan a reconocer creencias sesgadas sobre nosotros, otras personas y el futuro para que podamos reelaborarlas para hacer que las situaciones emocionalmente desafiantes sean más fáciles de navegar.

Visualiza que retrocedes en el tiempo para poner mucha atención a la creencia que acabas de identificar. En ese momento, imagina que pudiste frenar las cosas y, en lugar de hacer algo para controlar o distanciarte del pensamiento incómodo, podrías desafiarlo un poco, con esta serie de preguntas:

- ¿Tienes evidencia que apoye la creencia? ¿Sucedieron cosas que sugieren que el pensamiento es verdadero?
- ¿Qué pasa con la evidencia en contra? ¿Hay experiencias que sugieren que no es del todo cierto?
- Tras observar la evidencia, ¿puedes pensar en otra forma de entender (a ti, a los demás o a la situación) más precisa de lo que creías originalmente?

Imagina que pasaste por este proceso en ese momento. ¿Crees que tu reacción emocional y tu comportamiento habrían sido diferentes?

Ahora, imagina que te hubieras dado algún consejo, no sólo sobre cómo pensar, sino también sobre cómo actuar, ya sea para afrontar un desafío que no fue tan malo como esperabas o para superar una situación que sí fue muy incómoda o difícil. ¿Cuál sería ese consejo?

Por último, considera el consejo que te gustaría darte para el futuro a fin de prepararte para posibles desafíos sociales o para afrontar dificultades similares. ¿Cómo crees que responderías?

He aquí un ejemplo que muestra cómo se desarrolla este proceso. Imagina que vas a empezar en un nuevo trabajo y te preocupa que nadie te respete. Tras considerarlo minuciosamente, reconoces que es difícil predecir los juicios de las personas; también sabes por tu experiencia previa (aumentos, promociones o comentarios positivos de colegas en otros empleos) que los compañeros de trabajo generalmente te respetan y nunca has recibido comentarios directos de nadie que sugieran lo contrario.

A continuación considera estrategias para aumentar la probabilidad de que las personas *respeten* tu trabajo. Crees que equilibrar la creatividad y productividad o ser asertivo en lugar de reservado en las reuniones colaborativas dará sus frutos, así que te comprometes a hacer esas cosas tú mismo. También aceptas que los demás quizá no se desviarán de su camino, en especial en un nuevo trabajo, para mostrar aprecio por tu esfuerzo, no por falta de respeto, sino porque están enfocados en sus cosas.

Por último reconoces que tardarás un poco en aclimatarte a un nuevo entorno laboral, por lo que planeas recordarte que tus impresiones sobre las reacciones de los demás pueden no reflejar sus verdaderos juicios y es importante ser paciente cuando se trata de establecerse en un nuevo trabajo. Armado con esta nueva perspectiva, decides dirigir tu atención a la calidad de tu trabajo en vez del comportamiento de tus colegas. También recuerdas poner atención a tus trampas del pensamiento, cuestionar su precisión y modificarlas para que sean más realistas y útiles.

Hacer cambios cognitivos como éstos es poderoso, pero como con cualquier otra habilidad, se requiere práctica regular y quizá el impacto no se note de inmediato. Al principio incluso dudarás de la autenticidad o el impacto de tus creencias reestructuradas ("¿de verdad creo esto y eso hará una diferencia?") y pensarás que los juicios y predicciones negativas que han parecido convincentes durante tanto tiempo son más precisos. Pero con regularidad, un compromiso de cambio y la paciencia para ver si las respuestas más realistas y útiles a tus fantasías ansiosas te funcionan, tu perspectiva podría cambiar. Empezarás a ver las situaciones desafiantes como oportunidades de aprendizaje, crecimiento, incluso éxito. Te sentirás menos ansioso, deprimido y enojado. Te volverás menos crítico de ti y de los demás. Y en lugar de aceptar la inevitabilidad de la disfunción, considerarás estrategias que puedes usar para lidiar con los reveses, darte crédito por tus esfuerzos, ser paciente con otros que no responden justo como te gustaría y reflexionar sobre lo que aprendes a mejorar aún más en el futuro. En pocas palabras: al reestructurar tus creencias, te preparas para resultados emocionales y conductuales más deseables y te das un mayor sentido de control personal.

Ya que consideramos los problemas globales de la generalización excesiva y el pensamiento de todo o nada, junto al valor de reestructurar las creencias defectuosas, abordaremos otros errores cognitivos: las tres fantasías ansiosas que se relacionan específicamente con la ansiedad. Mientras lo hacemos, piensa un poco si te pones en riesgo al confiar en estas fantasías ansiosas con regularidad.

SOBREESTIMACIÓN DE LA PROBABILIDAD: SE AVECINA UNA TORMENTA

Sobreestimar la probabilidad es creer que "seguro" ocurrirá un contratiempo, a pesar de la evidencia limitada, incluso contraria. Algunos ejemplos cognitivos incluyen:

- "Está enojada y espera el momento adecuado para gritarme", si tu novia no responde de inmediato a un mensaje de texto.
- "No se me ocurre ninguna idea", cuando sabes que tienes que escribir un artículo para una clase.
- "Estoy convencido de que no me darán el empleo", tras una entrevista de trabajo.
- "Hará un berrinche", antes de decirle a tu hijo que es hora de irse (en una fiesta de cumpleaños).

Hay algunos otros errores cognitivos que podríamos cometer y que contribuyen al uso de la sobreestimación de la probabilidad. Uno que ya hemos discutido es la generalización excesiva. En el contexto de la ansiedad, la generalización excesiva significa que, si ocurrió algo desagradable en el pasado, predecimos que volverá a suceder, incluso cuando tengamos un historial de experiencias neutrales o positivas que sugieran lo contrario.

Por ejemplo, si la Navidad pasada te incomodaste cuando tu abuela te dijo que tenías bajo peso y necesitabas comer más, es muy probable que lo vuelvas a hacer en la siguiente comida navideña. En aquel momento sus comentarios fueron hirientes y no supiste cómo responder, entonces piensas inventar una excusa para rechazar la próxima invitación a cenar. Si hizo estos comentarios repetidamente sería realista pensar que los volverá a decir. Pero si tu juicio sólo se basa en aquel incidente e ignoras todos los otros encuentros que has tenido con ella, en los que no dijo nada sobre tu apariencia, la generalización excesiva podría estar influyendo en tu pensamiento.

Otra explicación para la sobreestimación de la probabilidad de un contratiempo es el *razonamiento emocional*. Es cuando usamos nuestro estado emocional (el *sentimiento* de ansiedad) como apoyo para la predicción de que pasará algo malo. Como vimos en el capítulo anterior, cuando anticipamos una amenaza, nos preparamos para un revés y ponemos mucha atención a los procesos internos, como pensamientos, sensaciones y deseos, para ayudarnos a etiquetar la emoción: "Estoy ansioso". El razonamiento emocional lleva las cosas un paso más allá porque valora la emoción de forma más significativa de lo que es. Ejemplos amplios de razonamiento emocional son declaraciones como: "Estoy ansioso, eso significa que pasará algo malo" o "no me sentiría así si no estuviera en peligro". El razonamiento emocional hace que las fantasías ansiosas parezcan más convincentes y aumenta la preocupación por los problemas que se avecinan. Para aclarar esto, es útil pensar en una situación en la que múltiples factores estresantes psicológicos, físicos y sociales provocan la sensación de ansiedad.

Imagina que te volviste a dormir después de la alarma y esa mañana tenías una reunión de trabajo con un cliente importante. Empiezas a preocuparte por varias cosas: llegar tarde, sentirte ansioso durante la reunión, que tu cliente te pierda el respeto porque no mantienes una conducta calmada y profesional... sólo esos pensamientos serían difíciles de manejar.

Ahora imagina que no te da tiempo de desayunar, te preparas un café y lo bebes mientras conduces a la oficina. Te encuentras un tráfico denso, te enojas. Por fin llegas al trabajo, estacionas el coche, subes corriendo las escaleras hasta tu oficina y llegas sin aliento, sudoroso y mareado. Además de las preocupaciones originales, ahora estás lidiando con los efectos del bajo nivel de azúcar en sangre, cafeína, prisa e irritabilidad. Cuando te concentras en la agitación interna, usas el razonamiento emocional: "Me siento ansioso, sé que esta reunión no saldrá bien". En este ejemplo, ya esperabas problemas, pero tu estado emocional, causado por una variedad de factores, hizo que esas predicciones parecieran mucho más realistas.

Es cierto, en situaciones como éstas la ansiedad relacionada con las preocupaciones sobre un desafío importante parece mucho peor cuando va acompañada de sensaciones físicas. Aquí, una respuesta realista y útil sería recordarte que las reacciones corporales se relacionan más con las condiciones estresantes que con la ansiedad misma. Puedes notar la agitación interna y puede distraerte, pero eso no significa que esté impulsada por una mala preparación o un conocimiento inadecuado, además, su presencia no significa que afectará tu capacidad para funcionar.

También es útil pensar en actores, músicos y atletas que están nerviosos antes de un espectáculo o competencia. Los artistas experimentados que se sienten ansiosos en situaciones de alta presión aprenden, a través de la experiencia, que pueden desempeñarse a un alto nivel a pesar de la agitación emocional percibida antes de salir al escenario o al campo. En lugar de ver la agitación física y la etiqueta de ansiedad como predictores de contratiempos, los atletas y los artistas las ven como molestias inofensivas que pueden tolerar mientras redirigen su atención a la tarea frente a ellos. Si luchas con el razonamiento emocional, este enfoque puede funcionarte muy bien.

CATASTROFIZACIÓN: PREPÁRATE PARA LA DEVASTACIÓN

Catastrofizar es pensar que los eventos del futuro serán súper dañinos para tu salud física, emocional o para tu capacidad de funcionar. A menudo implica predecir el peor resultado posible y estar convencido de que ocurrirá, incluso cuando la probabilidad de tal contratiempo sea, de manera realista, muy baja. Algunos ejemplos cognitivos incluyen:

- "Reprobaré la clase", cuando tu calificación en una tarea sea baja.
- "Tengo una enfermedad cardiaca", en respuesta a quejas físicas menores o resultados de pruebas médicas neutrales.
- "Me estoy volviendo loco", cuando los pensamientos intrusivos aparecen con frecuencia en tu mente.

- "Se lo dirá a todo el mundo y seré el hazmerreír de la oficina", cuando un compañero de trabajo escucha una conversación personal.

Al igual que con la sobreestimación de la probabilidad, la catastrofización es un problema cuando generalizamos en exceso o confiamos en el razonamiento emocional. Otro indicador del pensamiento catastrófico es la exposición a un evento traumático en el pasado. Los sobrevivientes de abuso, agresión, violencia doméstica o traumas de guerra son ejemplos de personas en riesgo de hipervigilancia, *flashbacks*, pesadillas y miedo a exponerse a un trauma adicional. Aunque en estos casos la catástrofe sigue siendo un problema, quiero enfatizar que las reacciones postraumáticas no sólo son "errores cognitivos". Las respuestas relacionadas con el trauma son complejas y clínicamente significativas. Deben atenderse con ayuda de un profesional.

Experimentar un problema de rechazo no traumático también podría impulsar el pensamiento catastrófico. Un estudiante universitario avergonzado por las burlas excesivas de sus compañeros (después de que se publicaran y compartieran fotos de sus payasadas de borracho en las redes sociales) quizá quiera mantenerse alejado de la actividad en línea por un tiempo, hasta que las cosas se calmen. Por otro lado, creencias catastróficas como "nunca me recuperaré de esto", "no puedo confiar en nadie" y "necesito alejarme de las redes sociales para siempre" sugieren que el daño es permanente y la recuperación, imposible. Mantener estas creencias le impedirá seguir adelante con su vida, reconstruir relaciones, aceptarse como una persona decente a pesar de algunos incidentes lamentables y encontrar formas de disfrutar el resto de su experiencia universitaria.

Aquí quiero enfatizar que es importante no minimizar el impacto de los contratiempos pasados. Mostremos compasión hacia nosotros cuando trabajamos para aceptar las luchas pasadas mientras encontramos formas de avanzar en la vida. Ser consciente del pensamiento catastrófico no significa pasar un mal rato por pensar en eventos perturbadores del pasado y creer que el pensamiento catastrófico es "todo en mi mente". Suceden cosas malas y pueden volver a suceder, por eso es normal (y a veces útil) prepararse para los problemas graves que puedan surgir. El objetivo de resaltar la catastrofización como un error cognitivo es ayudarte a identificar *patrones habituales* de pensamiento que *exageran* el grado de riesgo y te *impiden* tomar responsabilidades y hacer actividades significativas.

AFRONTAMIENTO INADECUADO: "NO PUEDO LIDIAR"

El impacto de las dos primeras fantasías ansiosas, la sobreestimación de la probabilidad y la catastrofización, es doble:

1. Dedicamos esfuerzos a prepararnos para desafíos que es poco probable que ocurran o que causen mucho daño.
2. Dudamos de la capacidad de nuestras habilidades de afrontamiento porque creemos que las amenazas son frecuentes e intensas.

Las creencias de *afrontamiento inadecuadas* minimizan nuestro potencial para acceder a las habilidades cognitivas, emocionales o conductuales que necesitamos para responder a una amenaza. Algunos ejemplos cognitivos incluyen:

- "No podré pensar en algo interesante que decir" cuando hablas con alguien atractivo.
- "No me podré dormir otra vez y será horrible" si te despiertas en medio de la noche.
- "No sé cómo venderme" en una entrevista de trabajo.
- "Gritaría muchísimo porque no sabría qué hacer" si te quedaras atascado en el tráfico.

Tal vez este tipo de fantasía ansiosa es la más destructiva de las tres porque, si no creemos que podemos superar los desafíos, es probable que evitemos las amenazas potenciales por completo. Esta evitación nos protege por un tiempo de la incomodidad de tener que manejar problemas en situaciones que provocan ansiedad, pero también nos impide desarrollar habilidades de afrontamiento y aprender que podemos trabajar más de lo que creemos que podemos.

La ansiedad es un problema de exceso de control

La ansiedad situacional relacionada con factores controlables es bastante manejable para los solucionadores de problemas. Si respondes a tu ansiedad poniendo manos a la obra, podrías ser súper minucioso y trabajar con la energía de un detective que trata de conectar las pistas para resolver un caso. Por ejemplo:

- ¿Tienes un examen en puerta? Empiezas a estudiar con tiempo. ¿No funcionó muy bien la última vez? Identificas tus errores y modificas tu estrategia. ¿No sabes dónde te equivocaste antes? Pides ayuda a un tutor. Y así...
- ¿Quieres comprar una casa, pero no sabes cómo empezar? Pides sugerencias a tus amigos o visitas páginas de internet

y libros que brindan instrucciones detalladas para los que compran vivienda por primera vez.

- ¿No te sientes preparado para conversaciones telefónicas con profesionales agresivos y que hablan rápido? Escribes los temas de conversación, preguntas, trabajas en tus respuestas tipo "disco rayado" a las solicitudes de cosas que no estás listo para hacer.

Si estos tres escenarios te hicieran pensar: "¡Ay! Ni siquiera quiero pensar en esas cosas; más bien procrastinaría y, en algún momento, sólo improvisaría y esperaría lo mejor", entonces seguro te beneficiarías al desarrollar habilidades de resolución de problemas para mejorar tu capacidad de manejar situaciones como éstas. Las estrategias de la segunda sección del libro, "Actúa, pide satisfacción", como hacer experimentos conductuales (los explico en el capítulo 8), sirven muy bien.

Pero si lees los tres escenarios anteriores y piensas: "Sí, así es como hago las cosas", tal vez te sientas un poco aliviado: "Si así se maneja la ansiedad, entonces voy por buen camino". Pero para los solucionadores de problemas, incluso cuando hiciste todo lo que se te ocurrió para eliminar obstáculos, resolver problemas y planear para los imprevistos, todavía hay algo de ansiedad residual que, en algunos, provoca mucha más ansiedad que el problema original. Cuando leíste estos ejemplos, ¿se te ocurrieron más preguntas que respuestas? ¿Tuviste pensamientos como éstos?

- "¿Qué haría si mis estrategias de resolución de problemas fueran contraproducentes?"
- "¿Cómo respondería si recibiera consejos y comentarios que no me gustan o no eran lo que esperaba?"

- "¿Y si luego me cuestiono si tomé la mejor decisión o debo explorar otras opciones?"
- "Estoy seguro de que me preocuparía y me sentiría ansioso sin importar lo que haga o piense, y me enojaría porque estoy tratando con todas mis fuerzas de controlar todo, ¡pero ni siquiera puedo controlar mis pensamientos y sentimientos!"

Cuando estés bastante seguro de agotar todas tus opciones para resolver problemas y de hacer todo lo posible, recuerda: la ansiedad es un problema de exceso de control. Tenemos control sobre problemas prácticos, *pero hay cosas que no podemos controlar*, no importa cuánto nos gustaría hacerlo. Por ejemplo:

- La aparición, el tiempo y la frecuencia de pensamientos automáticos o intrusivos.
- Respuestas físicas y emocionales.
- Los pensamientos, emociones y comportamientos de otros.
- Éxito y seguridad.

Considera cuántos elementos del futuro son impredecibles, inescrutables e incontrolables. Si estás acostumbrado a depender del control personal para manejar la ansiedad, estás destinado a experimentar frustración y decepción cuando trates de controlar lo incontrolable.

La *intolerancia a la incertidumbre* (iou, por sus siglas en inglés) es un factor de riesgo de ansiedad que causa problemas tanto a los procrastinadores evitativos como a los solucionadores de problemas dirigidos a objetivos. Si la idea de un futuro incierto es tan desagradable que te concentras en hacer lo imposible (lograr la certeza total), nunca alcanzarás tu objetivo y tendrás que afrontar la dura realidad de no poder manejar la incertidumbre de la forma en que has abordado otros desafíos en tu vida.

La IOU es un obstáculo importante para los que cumplen los criterios de ansiedad y trastornos relacionados, con síntomas clínicamente significativos que causan angustia o disfunción. Esto es porque, por mucho que nos gustaría estar seguros de que las cosas desagradables que tememos no pasarán (la exposición a recordatorios de un pasado emocionalmente difícil, sensaciones físicas incómodas, preocupaciones persistentes, reacciones críticas de los demás o problemas de salud), nunca podemos saberlo con seguridad. En el siguiente cuadro verás que la IOU es un elemento común con presentaciones únicas en los trastornos de ansiedad y problemas relacionados. Es poco probable que sea placentero trabajar para satisfacer nuestras demandas de certeza (haciendo todo lo posible para establecer control o previsibilidad total) porque siempre existe la posibilidad de que las cosas no salgan como esperamos.

Trastorno	Exigencias de certeza
Trastorno de ansiedad generalizada	La frecuencia, duración y resolución de las preocupaciones
Trastorno de ansiedad social	La eficacia social y aceptación de los demás
Fobia específica	La ausencia de estímulo fóbico y tolerabilidad
Trastorno de estrés postraumático	La ausencia de factores desencadenantes del estrés y tolerabilidad
Trastorno obsesivo compulsivo	Los pensamientos intrusivos no causarán daño
Trastorno de pánico	Las consecuencias de la ansiedad no serán catastróficas

La buena noticia es que reconocer que la incertidumbre es inevitable en la vida es el primer paso para darnos un respiro en esos momentos en los que hemos hecho todo lo posible para abordar nuestras preocupaciones. No es necesario que nos guste la incertidumbre, pero tenemos opciones para responder a ella. Si a menudo descubres que estás buscando respuestas que no puedes encontrar, una respuesta realista es recordarte: "Por frustrante que sea, a veces no puedo hacer predicciones perfectas sobre el futuro, pero haré lo mejor que pueda para prepararme para el éxito y estoy dispuesto a aceptar una cantidad razonable de riesgo".

CÓMO FUNCIONAN LAS TRES FANTASÍAS ANSIOSAS JUNTAS

Muchas veces las tres fantasías ansiosas (sobreestimación de la probabilidad, catastrofización y afrontamiento inadecuado) ocurren al mismo tiempo. Por si esto fuera poco, también se influyen entre sí. La interacción entre estas creencias se muestra en la experiencia de Carly, una nueva mamá que hace poco regresó al trabajo después del nacimiento de su hija, Allison, hace varios meses. Allison, como muchos bebés, a veces es inquieta e irritable y sus rabietas son algo impredecibles. Cuando Carly estuvo en casa de tiempo completo respondía bien a los berrinches de Allison. Pero ahora, que de nuevo lidiaba con el estrés laboral y Allison estaba en la guardería durante el día, era más difícil mantener la paciencia cuando su bebé lloraba y se comportaba mal por la noche. Carly pasaba sus días en el trabajo preocupándose por la posibilidad de que Allison gritara y llorara cuando estuvieran juntas en casa. También le preocupaba perder la calma, gritarle a su hija y salir furiosa de la habitación, lo que ya había sucedido un par de veces durante el último mes. Después de estos incidentes, Carly se sintió muy mal porque creía que tenía habilidades inadecuadas para la crianza de los hijos y una incapacidad para manejar sus emociones. Se criticaba por sus acciones y agonizaba en el trabajo por la posibilidad de que los arrebatos de Allison fueran tan frecuentes, continuos e intolerables que respondería con irritabilidad y empeoraría el problema.

Cuando Carly pensó con cuidado en sus predicciones, notó ejemplos de las tres fantasías ansiosas. Primero, consideró su expectativa de que Allison hiciera una rabieta todas las noches (sobreestimación de la probabilidad), pero tras reflexionarlo reconoció que las rabietas de Allison sólo habían pasado uno o dos días a la semana durante el último mes, entonces era poco realista esperar que ocurrieran todas las noches. Después, Carly puso atención a su creencia de que las rabietas de Allison serían intensas y durarían toda la noche (catastrofización), entonces recordó que las explosiones variaban de intensidad y nunca duraban más de 15 minutos. Cuando Carly predijo que perdería la calma y le gritaría a su hija (afrontamiento inadecuado), recordó que era capaz de responder con calidez y comprensión la mayor parte del tiempo y se recordó que incluso los mejores padres a veces se sienten abrumados. Carly también se sintió mejor cuando se dio cuenta de que aun sus peores respuestas eran bastante leves y era poco probable que fueran dañinas.

En este ejemplo, observa el efecto de cada fantasía ansiosa sobre las demás. La sobreestimación de la probabilidad y la catastrofización aumentan las preocupaciones sobre el afrontamiento inadecuado, y las dudas sobre nuestras habilidades hacen que nos preocupemos más por el problema en sí. Pero si podemos salir un momento de las fantasías ansiosas, veremos, al reflexionar, que no parecen tan precisas después de todo. En cambio, podemos dirigir nuestra atención a hacer nuestro mejor esfuerzo en circunstancias difíciles y explorar estrategias para responder de manera más efectiva. Cuando Carly hizo esto, identificó áreas que podría mejorar, decidió realizar cambios productivos en esas áreas y diseñó un plan para probar algunas estrategias nuevas en circunstancias particularmente estresantes.

¿QUÉ OPINAS DE TODO ESTO?

Mientras te preparas para identificar tus fantasías ansiosas, ahora es un buen momento para hacer una pausa y verificar tus reacciones cognitivas a lo que acabas de ver. ¿En qué pensabas mientras leías las descripciones de fantasías ansiosas? ¿Tuviste pensamientos como éstos?

- "Ya sé estas cosas."
- "No hará ninguna diferencia si pongo atención a cómo pienso."
- "Está bien, lo entiendo, dime qué hacer al respecto."
- "He intentado esto antes (notar mis fantasías ansiosas) y no ayudó."
- "Ya pienso mucho en mi ansiedad, tratar de detectar mis fantasías ansiosas sólo me pondrá más ansioso."

Si tuviste uno o más de estos pensamientos, ¿qué tan precisos crees que son? ¿Puedes notar algunas distorsiones cognitivas en estas declaraciones, como el pensamiento de todo o nada o alguna de las fantasías ansiosas? ¿Qué pasa con las consecuencias de tus pensamientos? ¿Notaste ciertas emociones o deseos? ¿Tus pensamientos te llevaron a tener más pensamientos sobre ti, ansiedad, sobre este libro o lo que te gustaría hacer después?

Imagina que consideras las sutilezas de tu experiencia y reelaboras las creencias anteriores. ¿Las siguientes declaraciones serían más o menos precisas? ¿Más o menos útiles?

- "Ya sabía algunas cosas, pero no todas, y la nueva información podría ayudarme."
- "No estoy seguro de que haga una diferencia si pongo atención a cómo pienso, pero vale la pena considerarlo o intentarlo."
- "Creo que entiendo estos conceptos lo suficiente como para dar los siguientes pasos."
- "Ya intenté hacer algo así antes y no obtuve mucho de ello, pero tal vez hay algunas cosas que no he probado o quizá necesito más práctica."
- "Me preocupa que hacer esto me ponga más ansioso porque cuando reflexiono en mi angustia, me siento muy incómodo. Por otro lado, nunca había pensado en fantasías ansiosas de una manera tan estructurada. Quizá esto traiga algo de claridad a mi pensamiento y me ayude a largo plazo."

¿Notas algún patrón en tu pensamiento? ¿Hay margen para modificar tus creencias y que se vuelvan más precisas y útiles? ¿Estás preparado para abordar la información, las sugerencias y los ejercicios de este libro con una mente abierta? ¿Crees que te beneficiarás al probar estrategias que ayudan a manejar la ansiedad?

Escribe en tu cuaderno las respuestas a estas preguntas: ¿Qué te gustaría decirte acerca de poner más atención al uso de fantasías ansiosas? ¿Cuál es el valor de hacer esto? ¿Qué crees que aprenderás? ¿Qué es lo mejor que podría pasar? ¿Lo peor? ¿Lo más probable?

CÓMO DETECTAR FANTASÍAS ANSIOSAS

Si todavía no identificas una tendencia a pensar en el futuro de forma sesgada o destructiva, empieza a registrar el uso de fantasías ansiosas en tu vida diaria. Durante la próxima semana, pon atención a tus pensamientos en tres situaciones:

1. Cuando estás en una situación que desencadena la ansiedad.
2. Cuando experimentas la emoción de la ansiedad, pero no eres consciente de un desencadenante específico.
3. Cuando piensas en un evento futuro que desencadena la ansiedad.

Escríbelos en tu cuaderno o usa el Registro de pensamientos en www.newharbinger.com/show-your-anxiety-whos-boss/acces sories (disponible sólo en inglés) para rastrear fantasías ansiosas (revisa el ejemplo de la página 84). Escribe al menos uno diario. Un buen momento para hacerlo es cuando tu ansiedad es muy notoria. Aunque la incomodidad de la emoción te llame la atención, seguro pensaste justo antes de sentirte ansioso. Es importante poner atención a lo que pasa por tu mente.

Cuando empieces a identificar tus pensamientos, será difícil aclarar el contenido. Por ejemplo, si estás en la tienda de abarrotes y ves a alguien conocido que habla muchísimo, podrías pensar "¡ay, no!" y luego sentirte ansioso. Otras veces el material cognitivo que detectamos aparece en forma de imagen. Podrías imaginar la lucha interna tratando de ser cortés mientras esa persona habla sin descanso o la reacción de molestia que sentirías cuando intentaras alejarte de la conversación.

Si tus reacciones cognitivas son breves y generalizadas o aparecen en forma de imagen, quizá no estás seguro de qué etiqueta de fantasía ansiosa sería apropiada. Si es así, piensa en qué creencias representan. El siguiente cuadro proporciona algunos ejemplos.

Reacción (R) o Imagen (I)	Creencia representativa	Fantasía ansiosa
R: "¡Oh, no!"	"Esta conversación será incómoda."	Sobreestimación de la probabilidad.
R: "Uf, es Roger"	"Hablará durante horas."	Catastrofización.
I: Habla sin parar	"No sabré cómo escapar."	Afrontamiento inadecuado.
I: Cortar la conversación	"Lo ofenderé."	Sobreestimación de la probabilidad.
I: Ver alrededor	"Me sentiré incómodamente ansioso."	Afrontamiento inadecuado.

Si tus reacciones cognitivas aparecen como preguntas, trata de expresarlas como declaraciones. Por ejemplo, si te dices: "¿Por qué tengo que hablar con él?", podrías reformularlo como: "Tengo que hablar con él y seré miserable". O una pregunta como :"¿Qué pasa si no puedo alejarme de él?", podría reformularse como: "No podré alejarme de él".

Quizá ya notaste que algunas de las creencias en el cuadro anterior se podrían asignar a cualquiera de las tres etiquetas de fantasías ansiosas. Es normal. Entre más generalizadas tus creencias, más implican preocupaciones múltiples. Como ejemplo, toma el pensamiento: "Hablará durante horas". Es poco probable que alguien hable durante horas en medio de una tienda de abarrotes, así que estás sobrestimando la probabilidad de ese evento. Del mismo modo, en la preocupación de que el sujeto hable durante horas va implícita la predicción de que no podrás terminar la conversación, lo que sería un problema de afrontamiento inadecuado. Elegí la etiqueta de catastrofización porque, si tu conocido de verdad hablara durante horas, sería un inconveniente significativo (una pérdida de tiempo impactante que te alejaría de actividades mucho más importantes). En mi opinión, el elemento de esta situación que más se destaca sería el resultado catastrófico, pero está bien si tu perspectiva es diferente.

Conforme la semana avanza y vas registrando tus fantasías ansiosas, no pienses mucho en las etiquetas. Más bien, escribe la etiqueta que crees que *mejor* representa tu pensamiento y busca *patrones* de pensamiento que resuman tu uso de fantasías ansiosas.

Revisa el siguiente ejemplo de Registro de pensamientos para ayudarte a llenar los tuyos en el formulario vacío que aparece en www.newharbinger.com/show-your-anxiety-whos-boss/acces sories (disponible sólo en inglés).

Registro de pensamientos

Durante la próxima semana pon atención a tus pensamientos cuando sientas ansiedad. En cada día, registra:

- **La situación o desencadenante** (hora del día, dónde estabas, qué estaba pasando, qué viste o notaste que te provocó ansiedad).
- **La intensidad de la ansiedad** (registra un número entre 0 y 10, con 0 = "nada de ansiedad" y 10 = "la peor ansiedad imaginable").
- **El pensamiento o creencia** (¿qué creías que pasaría?).
- **La fantasía ansiosa** (SP = sobreestimación de la probabilidad, C = catastrofización, AI = afrontamiento inadecuado).

Tras registrar los datos durante una semana, revisa tu Registro de pensamientos y observa si puedes identificar patrones o temas. Resume qué aprendiste respondiendo estas preguntas en tu cuaderno.

- ¿Cuáles fantasías ansiosas te llamaron la atención esta semana? ¿Por qué crees que son fantasías ansiosas?
- ¿Qué explicaciones tienes para pensar de esta manera? ¿Alguno de los otros errores cognitivos (generalización excesiva, pensamiento de todo o nada, razonamiento emocional, intolerancia a la incertidumbre) mencionados en este capítulo influyó en tu uso de fantasías ansiosas?
- ¿Crees que tus predicciones fueron realistas (debido a contratiempos anteriores o malas habilidades para resolver problemas) o sería útil modificarlas? ¿Por qué piensas esto?
- En esta semana, ¿qué fue lo más importante que aprendiste sobre tu pensamiento? ¿Qué quieres recordar para el futuro?

Día	Situación o desencadenante	Intensidad de ansiedad (0-10)	Pensamiento o creencia	Fantasía(s) ansiosa(s)
Lunes	En casa, a las 9:25 a. m. revisé mi calendario para mañana y vi que tenía un proyecto de trabajo para enviar que no había empezado.	7	No hay forma de terminarlo a tiempo.	☐ SP ☐ C ☑ AI
Martes	Son las 5:30 p. m. Ya estoy preparando mis cosas para irme del trabajo y mi hija no ha llamado (por lo general me llama a las 5:00) para recogerla de la práctica de softbol.	8	Está herida, va camino al hospital y no tengo forma de saberlo.	☐ SP ☑ C ☑ AI
Miércoles	Un amigo me envió un mensaje de texto a las 6:00 p. m. para preguntar si quería ir al cine a las 7:30 p. m.	5	Habrá mucho tráfico y tengo demasiado en la cabeza para poder relajarme y disfrutar de la película.	☑ SP ☐ C ☑ AI

¿CÓMO AYUDA ESTO? ¿QUÉ SIGUE?

Familiarizarte con los tres tipos de fantasías ansiosas (y las distorsiones cognitivas que influyen en ellas) te ayudará a notarlas y etiquetarlas cuando aparezcan. Al hacer este proceso hay dos beneficios. Uno: en momentos cargados de emociones, en vez de preguntarte por qué tus emociones se apoderan de ti o tus acciones no parecen ajustarse a las demandas de una situación, será más fácil ver el impacto de tus creencias en cómo te sientes y qué haces. Dos: crea la oportunidad de reflexionar en qué estás trabajando: ¿debes tomar en serio estas creencias importantes o deberías evaluarlas para su precisión y utilidad para prepararte mejor para los próximos desafíos?

En el próximo capítulo pensarás qué hacer con tus expectativas para el futuro. Si te enfrentas con regularidad a numerosas inquietudes y es difícil saber por dónde empezar, practicarás priorizando los posibles contratiempos, así como los poco probables pero lo suficientemente peligrosos como para pensar en ellos. También pasarás por el proceso de evaluar la precisión de tus predicciones buscando evidencia (tanto a favor como en contra) para ayudarte a decidir cómo responder a los próximos desafíos, ya sea con una comprensión revisada y más realista del problema, mayor aceptación de cosas que no puedes cambiar o planes para abordar obstáculos y funcionar de manera más eficaz.

Resumen del capítulo: PUNTOS CLAVE

✓ Los errores cognitivos, en general, y las fantasías ansiosas, en específico, están sesgados e impulsados por nuestras emociones y deseos de seguridad más que por la lógica y la experiencia. Aprender a identificar los errores cognitivos es un primer paso importante para manejar la ansiedad de forma más eficaz.

✓ La generalización excesiva y el pensamiento de todo o nada son errores cognitivos que afectan la ansiedad y otras emociones desafiantes, como la depresión y la ira. Estas trampas del pensamiento ignoran las sutilezas de la experiencia y limitan nuestras opciones emocionales y conductuales.

✓ Hay tres fantasías ansiosas: sobreestimación de la probabilidad, catastrofización y afrontamiento inadecuado.

✓ La sobreestimación de la probabilidad es creer que pasará algo malo, a pesar de la evidencia contraria.

✓ Catastrofización es creer que los eventos futuros serán muy dañinos y producirán el peor resultado posible.

✓ El afrontamiento inadecuado es creer que careces de la capacidad para abordar los desafíos venideros.

✓ Las tres fantasías ansiosas están influenciadas por la generalización excesiva, el pensamiento de todo o nada, el razonamiento emocional y la intolerancia a la incertidumbre.

✓ Ser capaz de identificar fantasías ansiosas es una habilidad importante para el manejo de la ansiedad. Se puede usar un cuaderno o el Registro de pensamientos para rastrear fantasías ansiosas, sus desencadenantes, consecuencias emocionales y patrones de pensamiento a lo largo del tiempo.

4

Verdad o fantasía: evaluar la precisión

En el capítulo anterior examinamos una serie de errores cognitivos (las fantasías ansiosas) que crean desafíos para quienes luchan contra la ansiedad y otras alteraciones emocionales. En este punto, tras examinar tus reacciones cognitivas ante situaciones y desencadenantes, emociones ansiosas y desafíos venideros, quizá ya identificaste algunas áreas en las que tu pensamiento tiende a estar sesgado y podría reestructurarse para mayor precisión.

Entonces, ¿por qué es importante la precisión? Bueno, como sabes, las creencias sesgadas y demasiado negativas llevan a respuestas predecibles (emocionales y conductuales). Por el contrario, el pensamiento flexible y realista permite respuestas emocionales que varían en calidad e intensidad, mientras creas oportunidades para seleccionar entre una serie de opciones de comportamiento para responder a las emociones o actuar de forma práctica para resolver problemas.

En este capítulo analizaremos algunas formas de cuestionar tus creencias y determinar si evalúan de manera realista los riesgos futuros o si son sesgadas y te frenan.

LOS DOS ELEMENTOS DE LA PRECISIÓN

Aumentar la precisión predictiva se logra mediante dos procesos:

1. Usar la información disponible para evaluar la probabilidad y el impacto de los próximos desafíos.
2. Reconocer y modificar las inexactitudes sesgadas de las fantasías ansiosas.

Cuando se trata del primer proceso, no hay duda de que es importante utilizar la información disponible para aumentar la precisión. La información que usamos puede ser nuestra comprensión de los contratiempos o éxitos pasados o lo que sabemos sobre un próximo desafío. Por muy útil que sea usar lo que sabemos para hacer predicciones sobre el futuro, es igual de importante reconocer que siempre habrá elementos inciertos del futuro que nos impiden predecir y controlar lo que sucederá.

En las ciencias físicas es posible hacer predicciones muy precisas sobre el futuro si las propiedades de las variables se pueden medir objetivamente. Por ejemplo, si un bat golpea una pelota de beisbol, se puede determinar qué tan lejos viajará la pelota cuando conocemos la composición de ésta y del bat, su velocidad, dirección de movimiento y los parámetros de las condiciones ambientales relevantes, como la humedad o el viento.

Pero cuando se consideran los factores humanos, los resultados se vuelven mucho más difíciles de determinar. En un juego de beisbol no es posible que sepamos de antemano si un bat incluso golpeará una pelota... mucho menos qué tan lejos viajará la pelota, porque la capacidad de los atletas para concentrarse, manejar la agitación interna, reproducir comportamientos motores y responder a las acciones de otros está influenciado por demasiados factores psicológicos.

Estos elementos impredecibles hacen muy emocionantes los momentos de mucha presión en los deportes. Los atletas y fanáticos reconocen esto, pero también aceptan que la imprevisibilidad es un arma de doble filo. Si esperas saborear la emoción de la victoria, debes estar preparado para tolerar una derrota aplastante. Es un sacrificio que debemos aceptar en el mundo de los deportes.

Pero los futuros inciertos en otros dominios (financiero, salud, escuela, trabajo, relaciones) son más difíciles de aceptar. ¿Por qué? Porque creemos que las consecuencias de los contratiempos en estos contextos resultarán en un mayor daño a nuestra autoestima, afectarán el funcionamiento en múltiples áreas de nuestra vida y tendrán efectos duraderos.

Por desgracia, establecer la precisión predictiva no es sencillo. A pesar de esforzarnos por conseguir lo que queremos, no siempre lo logramos (resultados como ofertas de trabajo, estado de salud, cartas de aceptación universitaria y respuestas cálidas de extraños siempre tendrán elementos impredecibles). No importa cuánto investiguemos, planeemos y nos preparemos para que las cosas salgan bien, nunca tendremos la certeza total.

Lo interesante de la ansiedad es que, después de intentos infructuosos de establecer certeza, a menudo nos desespera nuestra incapacidad para hacerlo y respondemos con ideas frustrantes sobre el futuro (las fantasías ansiosas) y evitando los desafíos por completo. Un ejemplo: alguien empieza un programa de ejercicio, pero se preocupa por encontrar estacionamiento en el gimnasio cuando está lleno, no sabe cómo usar el equipo y soporta miradas y comentarios sarcásticos de miembros impacientes y experimentados del gimnasio. En un esfuerzo por hacer las cosas más llevaderas, esta persona habla con el personal del gimnasio sobre los periodos de mucho tráfico y la disponibilidad de entrenadores personales. Define su horario de trabajo y compromisos personales. Toma un libro sobre técnicas de ejercicio y observa videos de ejercicios en YouTube. Pregunta a sus amigos interesados en *fitness* si la acompañarían al gimnasio. Al final, después de una semana de investigación, pero aún abrumada por las incógnitas, la persona decide: "No quiero lidiar con todo el tráfico y sentirme avergonzada por no saber usar el equipo". Entonces planea ir al gimnasio el próximo mes, "cuando me sienta más motivada".

Aparte de sobornar a alguien en el gimnasio para apartar un lugar de estacionamiento (con conos anaranjados colocados de forma estratégica) y contratar a un entrenador personal para que la ayude después del horario laboral, no hay mucho más que pueda hacer para asegurarse de que todo salga como quiere. Este ejemplo destaca que hay un punto donde quedamos limitados por nuestra capacidad de predecir y controlar. Si no podemos aceptar cierto grado de incertidumbre, corremos el riesgo de rendirnos por completo. Lo mejor que podemos hacer es funcionar en el lenguaje de la probabilidad o el grado y tomar las decisiones más razonables que podamos.

Cuando se trata de pensar en las preocupaciones relacionadas con la ansiedad, te ayuda considerar hasta qué punto diriges tu atención a la información útil (como lo que ya sabes sobre una situación, los problemas que quizá enfrentarás) o, al contrario, te quedas atascado en los aspectos frustrantes de la incertidumbre. Piensa en qué contextos de tu vida la ansiedad es un problema. ¿A menudo te esfuerzas tanto por resolver los problemas de incertidumbre que te sientes abrumado o sin ganas de hacer algo importante? Si es así, puedes crear más equilibrio en tu pensamiento al poner atención a: detalles como tu historial personal con ciertos desafíos, formas de abordar los obstáculos o mejorar tu efectividad, y cómo podrías afrontar si ocurre un evento desagradable específico. Si con regularidad la incertidumbre se interpone en tu camino, responde las siguientes preguntas antes de un evento que te provoque ansiedad (te ayudarán a pensar de manera realista y establecer una mayor precisión predictiva):

- ¿Piensas en los desafíos similares del pasado poniendo la misma atención a las experiencias que funcionaron y a las que no?
- ¿Reflexionas en los obstáculos prácticos que podrían dificultar la próxima situación, o te estás enfocando en los contratiempos anticipados o en la incomodidad que sentirás?
- ¿Pones atención a aspectos inciertos del futuro porque es útil prepararse para un puñado de sorpresas desagradables o exploras demasiadas posibilidades por una intolerancia a la incertidumbre?
- ¿Dedicas una cantidad razonable de energía a tu preparación para los problemas inesperados o demasiada energía a aspectos del futuro que no puedes predecir o controlar?
- Si tu pensamiento sobre el futuro es sesgado y crea más problemas, ¿hay otra forma más realista y útil de pensar?

La próxima vez que luches contra la incertidumbre revisa estas preguntas para ayudarte a pensar de manera productiva sobre el futuro y ver si tu nueva perspectiva tiene un impacto en tu estado emocional, evaluación de la amenaza y creencias sobre tu capacidad para afrontar la situación. La mayoría de las personas descubre que responder a los sesgos de la incertidumbre con formas de pensar más realistas y equilibradas le facilita el manejo de la ansiedad.

¿CUÁLES PREDICCIONES SON MÁS IMPORTANTES?

Cuando haces malabarismos con numerosas predicciones puedes tomar medidas para identificar las preocupaciones que merecen la mayor atención.

Busca temas

Imagina que tienes un miembro de la familia que se queja de que no está progresando en la vida. Lleva años atrapado en un trabajo sin futuro y quiere encontrar uno nuevo para cambiar su carrera. Durante los últimos seis meses has escuchado muchas quejas, pero visto poca acción. En este punto estás cansado de ser un oyente comprensivo. Piensas en darle un consejo, pero antes, cuando trataste de hacerlo, te dijo que te ocuparas de tus asuntos. También consideraste decirle que no quieres escuchar toda esa charla de vivir insatisfecho si no está preparado para hacer nada al respecto, pero tienes miedo de que se ponga irritable y te acuse de no apoyarlo. Entonces, decides mantener la boca cerrada, pero te preocupa que, con el tiempo, pierdas la calma y lo insultes, provocando una discusión y tensión en tu relación.

Algunas de las preocupaciones orientadas al futuro que puedes tener incluyen:

• Será despectivo.
• Estará irritado.

- Estarás demasiado ansioso por decirle lo que piensas de verdad.
- Serás fácil de convencer y seguirás escuchando sus quejas.
- No podrás responder con cortesía.
- No importa lo que digas o hagas, se enojará.
- Te sentirás culpable o triste cuando a él no le gusten tus comentarios.
- Les dirá a otras personas que eres poco comprensivo.
- Nunca te dejará escuchar el final de esto.
- Ustedes dos tendrán un conflicto duradero debido a esto.

Muchas veces, en situaciones así, es difícil saber por dónde empezar. Si tratas de responder a cada idea conforme llega a tu cabeza y le pones la misma atención a cada inquietud, es fácil sentirte abrumado por la cantidad de preocupaciones y el esfuerzo que tomará abordarlas todas. Por otro lado, si eliges reflexionar sólo algunas preocupaciones, podrías pasar por alto algo importante que te volvería a atacar si no estás preparado.

Una solución a este problema es enlistar tus preocupaciones, buscar temas o un hilo común y seleccionar las que parezcan bastante similares. Por ejemplo, usando las preocupaciones enumeradas antes, algunos temas evidentes son:

- Tendrás sentimientos incómodos (ansiedad, culpa o tristeza).
- No te comunicarás con eficacia.
- Tu familiar estará enojado.
- Habrá un conflicto duradero.

Tras revisar estos temas, te darás cuenta de que el área sobre la que tienes más control es cómo y qué comunicas. También aceptas que, sin importar qué tan directo, respetuoso, educado y empático seas, existe la posibilidad de que no obtengas la reacción que te gustaría, por eso lo mejor es prepararte para comunicar un mensaje difícil con la mayor eficacia posible.

Ordena predicciones

Otra forma de seleccionar predicciones para evaluar su precisión es clasificarlas. Para elegir qué predicciones son más importantes considera dos elementos:

- *Impacto:* Considera los contratiempos que causarían las respuestas emocionales más fuertes y abrumadoras o las que podrían afectar tu comportamiento negativamente (por lo general, a través de conductas de evitación o arrebatos como la agresión verbal).
- *Probabilidad:* Considera los contratiempos que crees que ocurrirán.

En general las preocupaciones que ocupan un lugar destacado tanto en impacto como en probabilidad son buenos puntos de partida. Pero si estás muy angustiado por un resultado que tendría un efecto dañino o catastrófico, aunque reconozcas poco probable que ocurra, empieza con esa predicción.

Sigue este proceso en tu cuaderno o completa la Hoja de trabajo "Probabilidad/Impacto" en www.newharbinger.com/show-your-anxiety-whos-boss/accessories (disponible sólo en inglés) para identificar la(s) idea(s) más significativa(s). Empieza por escribir los contratiempos potenciales que te preocupan. Enumera todos los que puedas, incluyendo lo que tú y otros podrían pensar, sentir o hacer. Considera los resultados que te preocupan a corto y largo plazo. Sé lo más específico posible. Es más difícil trabajar con preocupaciones como "me asustaré" que con "estaré sudando, temblando y todos verán lo ansioso que estoy".

Tras enlistar tus inquietudes, revísalas. ¿Hay una o dos más importantes? Piensa en los resultados más perjudiciales o perturbadores y clasifícalos con números (1, 2, 3, etc.) según el impacto que tendrían si tu predicción se hiciera realidad. Algunos ejemplos de resultados son angustia emocional, disfunción conductual y problemas de relación.

Al lado de la clasificación de impacto, escribe las clasificaciones de probabilidad. ¿Qué tan seguro estás de que cada uno va a pasar?

RECOPILACIÓN DE DATOS: ¿CUÁL ES LA EVIDENCIA?

Ya que identificaste los temas en tus predicciones y los posibles contratiempos importantes, empieza a evaluar la precisión de tus inquietudes. La mejor forma de examinar las predicciones sobre el futuro es considerar la evidencia de apoyo que te permitirá validarlas o te preparará para revisar tus fantasías ansiosas. La evidencia a favor de una predicción pueden ser experiencias pasadas (ejemplos anteriores de éxito, seguridad o retroceso) y pistas en situaciones que provocan ansiedad. Dirigir la atención a algunas pruebas, pero no a todas, conduce a predicciones sesgadas.

Para considerar la evidencia a favor y en contra de tus predicciones, usa la hoja de trabajo "Recopilar la evidencia" en www. newharbinger.com/show-your-anxiety-whos-boss/accessories (disponible sólo en inglés) o tu cuaderno. Copia el formato que se muestra en el ejemplo (ilustra una evaluación de precisión de una mujer que teme sufrir un ataque de pánico en un avión):

Predicción	• Probablemente tendré un ataque de pánico en un vuelo que tomaré la próxima semana y será humillante.
Evidencia: historial de contratiempos	• Tuve un ataque de pánico la última vez que estuve en un avión. • Me preocupa que el avión se estrelle cada vez que vuelo. • La presión del aire me da dolor de cabeza 70% del tiempo.
Evidencia: historial de éxito/ seguridad	• La mujer sentada a mi lado me tranquilizó cuando tuve un ataque de pánico y me sentí mucho mejor varios minutos después. • No hice mucho ruido, por lo que 95% de las personas en el avión no tenía ni idea de que estaba teniendo un ataque de pánico. • He tomado otros 11 vuelos en mi vida sin tener ataques de pánico. • Disfruté volar con mi esposo las dos veces que lo hicimos juntos de vacaciones. • Nunca estuve en un avión que se estrellara.
Evidencia: pistas situacionales	• Tomaré el vuelo a las 10:00 p. m. entonces seguro estará oscuro y silencioso, lo que facilitará el viaje. • Tengo un asiento en el pasillo, así que será más fácil caminar si me siento inquieta. • El vuelo tiene wi-fi; si quiero, puedo chatear con mis amigos.

¿CÓMO AYUDA ESTO? ¿QUÉ SIGUE?

Los sesgos incrustados en las fantasías ansiosas dificultan manejar la ansiedad y funcionar de manera efectiva en las situaciones más desafiantes para nosotros. Es útil poner mucha atención a los pensamientos que surgen cuando nos sentimos ansiosos para evaluar su precisión antes de elegir una respuesta. Pero esto es difícil cuando hacemos malabarismos con muchas preocupaciones que, a primera vista, parecen igual de realistas e importantes de resolver. Buscar temas en tus preocupaciones y clasificar los resultados de alta probabilidad y alto impacto te ayudará a priorizar las preocupaciones a evaluar. Valorar la precisión de las fantasías ansiosas implica reflexionar sobre tu historial de reveses y éxitos en situaciones similares y usar lo que sabes sobre un desafío próximo para decidir qué tan realistas son tus preocupaciones.

Aunque sea muy agradable eliminar por completo las fantasías ansiosas, no tenemos el control de cuándo aparecen o si persisten. La buena noticia: puedes responder con una respuesta que funciona muy bien al aclarar el desafío y lo que puedes hacer para abordarlo. Aunque es mejor no meterse en una batalla con las fantasías ansiosas (tienden a contraatacar bastante duro), podemos poner atención a las trampas cognitivas que nos tiende el cerebro, reconocer que existen y hacernos sugerencias amables para pensar y actuar de modo diferente. En el próximo capítulo explorarás cinco pasos a seguir para contrarrestar esas fantasías ansiosas, mandonas y alarmantes, con predicciones y planes más útiles para funcionar mejor en situaciones que provocan ansiedad.

Resumen del capítulo: PUNTOS CLAVE

✓ El pensamiento preciso y realista sobre los próximos desafíos nos prepara para responder de manera efectiva a la ansiedad y hacer planes de comportamiento útiles.

✓ Cuando nos sentimos abrumados por muchas fantasías ansiosas, es útil priorizar sólo unas pocas buscando un hilo común que las vincule.

✓ Otra forma de seleccionar pensamientos sobre el futuro para evaluar la precisión es ordenar las preocupaciones de resultados de alta probabilidad y alto impacto.

✓ Podemos evaluar la precisión explorando la evidencia a favor y en contra de ciertas creencias y considerando lo que ya sabemos sobre una situación que provoca ansiedad.

5

Hacer predicciones útiles

Las predicciones útiles son creencias específicas y realistas sobre el riesgo futuro y el potencial de afrontamiento. A diferencia de las fantasías ansiosas, las predicciones útiles te preparan para eliminar los posibles obstáculos al éxito; funcionar de manera efectiva; aceptar y tolerar eventos incontrolables, y hacer planes para mejorar en el futuro. Este cuadro demuestra las diferencias entre los dos estilos de pensamiento.

Fantasías ansiosas	Predicciones útiles
Son creencias sesgadas y poco realistas sobre el futuro.	Son expectativas realistas para el futuro.
Exageran la importancia de obstáculos poco probables o retrocesos de bajo impacto.	Priorizan obstáculos y retrocesos de alta probabilidad y alto impacto.
Minimizan el potencial para resolver problemas y afrontar desafíos.	Promueven planes para gestionar y responder a los desafíos.
Son imprecisas y difíciles de evaluar durante las evaluaciones posteriores al evento.	Son específicas para permitir evaluaciones precisas posteriores al evento.

Fantasías ansiosas	Predicciones útiles
Resisten el cambio y fortalecen la dependencia a otras fantasías ansiosas.	Dan la bienvenida al cambio para crear oportunidades para mejorar.

Este capítulo proporciona cinco estrategias para responder a las fantasías ansiosas con predicciones útiles. Dependiendo de la creencia y el contexto, tal vez no necesites confiar en los cinco conceptos para ayudarte a pensar en los desafíos futuros de maneras más útiles. En algunos casos, es suficiente con pensar de modo realista sobre los próximos eventos. En otros, puedes optar por concentrarte sólo en la resolución de problemas. Y, por último, cuando estés seguro de que habrá contratiempos y de que no hay mucho que puedas hacer para cambiar las cosas, puedes decidir centrarte sólo en estrategias de afrontamiento e ideas para el cambio en el futuro.

Conforme empieces a aplicar estas estrategias, es útil analizar en orden los cinco elementos de predicciones útiles. Usa este enfoque "paso a paso" hasta que se convierta en algo habitual. Después, quizá decidas usar sólo las estrategias que parezcan relevantes para un problema actual.

HACER PREDICCIONES ÚTILES SOBRE... PREDICCIONES ÚTILES

Antes de discutir las estrategias, piensa por un momento en tus expectativas de cambio. ¿Cómo crees que te ayudará el proceso de reestructuración de tus predicciones?

Si piensas "esto *no* me ayudará y poner más atención a mis pensamientos ansiosos me hará sentir peor", caíste en la tradicional trampa de pensamiento de "alta amenaza, bajo nivel de afrontamiento". Por otro lado, si crees que "estas estrategias me ayudarán a deshacerme de la ansiedad de una vez por todas", estás esperando demasiado.

Recuerda, la ansiedad es una parte normal de la experiencia humana. Sirve a un propósito útil: alertarnos sobre un peligro o la importancia de actuar. Esperar que las predicciones útiles te ayuden a eliminar la ansiedad hará que termines frustrado, desilusionado y sin esperanza cuando te encuentres con los inevitables desafíos que provocan ansiedad y que aparecen a medida que avanzamos en la vida.

Entonces, ¿qué *debes* esperar conforme avanzas en este proceso? La respuesta corta es que la creación de predicciones útiles es una estrategia de manejo de la ansiedad para "trabajar en" los pensamientos angustiantes en lugar de evitarlos. ¿Recuerdas que la evitación es uno de los problemas centrales de la ansiedad? Hacer todo lo posible para evitar pensamientos perturbadores parece razonable, pero es una estrategia que suele fracasar. Nuestra mente no responde bien a la evitación. Cuando intentamos huir de los pensamientos que no nos gustan, tienden a perseguirnos y demandar aún más atención.

Cuando se trata del manejo de la ansiedad, casi siempre es preferible trabajar en los desafíos (enfrentarlos) a evitarlos. A medida que avanzas en el proceso de hacer predicciones útiles, experimentarás de primera mano qué es analizar tus pensamientos y enseñarle a tu ansiedad quién manda. En vez de dar poder a tus pensamientos evitándolos, responderás con flexibilidad al permitirlos, evaluarlos, cambiarlos o tolerarlos.

PREDICCIONES ÚTILES PARA "TRABAJAR EN" LA ANSIEDAD

Uno de los grandes mitos de la ansiedad, exacerbado por la evitación, es que la ansiedad es intolerable y debe reducirse o eliminarse antes de que podamos funcionar. La verdad es que la ansiedad es incómoda pero tolerable y, cuando existe, podemos aprender a trabajar en ella.

El proceso de reestructurar las fantasías ansiosas en predicciones útiles parece una molestia innecesaria, una tarea que llevará mucho tiempo sólo para sentirte un poco mejor. También parece una oportunidad no deseada para encontrarte cara a cara con pensamientos o situaciones que te ponen más ansioso. Pero recuerda, tu alternativa a la evitación es trabajar. Como cualquier comportamiento nuevo, lleva un tiempo desarrollarlo y resulta frustrante al principio. Resiste la tentación de saltarte este proceso y, en su lugar, inténtalo honestamente.

Evitar el proceso de aclarar y reestructurar tus pensamientos es como sentirte abrumado después de un breve vistazo a las instrucciones para armar muebles, por lo que respondes o juntando algunas cosas y esperando lo mejor o volviendo a visitar el proyecto otro día. A menos que estés dispuesto a dar algo de dinero en efectivo a tu vecino carpintero con el mejor juego de herramientas, tomarte de cinco a 10 minutos para revisar las instrucciones es un tiempo bien invertido. Y al igual que dedicar un poco de tiempo a trabajar con un conjunto de instrucciones inicialmente desconcertantes te ayudará a producir un escritorio más resistente, un poco de trabajo cognitivo proactivo te ayudará a resolver tus preocupaciones y manejar mejor la ansiedad. Veamos los cinco pasos para hacer una predicción útil (PU).

PU1: ESTABLECER EXPECTATIVAS REALISTAS

En este momento ya estás familiarizado con las trampas del pensamiento que dificultan el manejo de la ansiedad. En conjunto, éstas implican hacer predicciones de amenazas poco realistas y subestimar tu capacidad de prepararte, resolver problemas y afrontar. Ahora hablaremos de otros aspectos clave necesarios para establecer expectativas realistas.

Cuidado con minimizar

Se ha puesto mucho énfasis en sobrevalorar el poder de las fantasías ansiosas. Pero es importante reconocer que, a veces, quienes luchan con la ansiedad cambian este guion y minimizan los desafíos futuros. Para hacer que las cosas parezcan "poco importantes", las personas que minimizan las amenazas subestiman y anticipan la seguridad o el éxito. Como resultado, se preparan poco, lo que conduce a reveses inesperados y valoraciones negativas de sí, de la situación y del futuro.

Si alguna vez te has encogido de hombros ante un próximo desafío con nada más que un plan para "resolverlo" cuando llegue el momento, sólo para descubrir que no estabas muy preparado y ahora te arrepientes... suena familiar. Un ejemplo poco dañino es tratar de seguir una dieta para perder grasa y no comer todo el día antes de asistir a una recepción de boda que, no lo sabías, incluye una increíble mesa de postres. Hambriento, cedes a la tentación y comes como si no hubiera mañana porque no sabías que habría tantas opciones sabrosas hablándote. Esa noche, sufriendo dolor de estómago y la decepción de arruinar tu dieta, piensas en lo bien que habría salido todo si hubieras sido firme y hubieras comido algo razonable antes de la boda.

Un ejemplo mucho más dañino de esta actitud de *laissez-faire* sería entrar en un arbitraje legal con planes para aceptar (lo que crees que serán) solicitudes razonables de la otra parte, sólo para descubrir que te confiaste demasiado y, en un momento de descuido, te intimidaron para que aceptaras términos injustos.

Como puedes ver en estos ejemplos, así como existe el peligro de temer lo peor, también puede ser contraproducente pasar por alto las señales de advertencia y tratar de convencerte de que todo saldrá bien. En contraste con las predicciones sesgadas (impulsadas por las emociones de catástrofe o seguridad), las expectativas realistas consideran la probabilidad de todos los eventos: negativos, neutrales y positivos.

Refina las "Tres P"

En capítulos anteriores revisamos el problema con predicciones generalizadas como "no podré hacerlo", "me asustaré" o "pensarán que soy tonto". Estas ideas mal definidas no sólo hacen que la resolución de problemas paso a paso sea un proceso confuso (y provoque ansiedad), sino que también implican que los contratiempos que se avecinan serán causados por nuestras acciones, defectos o limitaciones; que los problemas relacionados con la ansiedad persistirán por tiempo indefinido; y que los problemas afectarán la mayor parte o todo lo que hacemos.

Juntas, estas creencias forman los elementos de un estilo cognitivo conocido como las Tres P que usamos para explicarnos por qué suceden las cosas malas. Los tres elementos son explicaciones *personales*, *persistentes* y *parejas* de los contratiempos. He aquí un resumen de las Tres P:

- Si confías demasiado en las explicaciones *personales*, tiendes a culparte por los contratiempos sin considerar la influencia de fuerzas externas, como obstáculos prácticos o las acciones de otros.
- Si enfatizas las explicaciones *persistentes*, ves los contratiempos como problemas continuos, incluso permanentes, en lugar de problemas temporales o de tiempo limitado que terminarán pronto.
- Si seleccionas explicaciones *parejas*, crees que tus luchas estarán presentes en la mayoría o en todas las situaciones, no sólo en la actual.

A menudo nuestras predicciones más simplistas se basan en la creencia de que los tres tipos de explicaciones (personales, persistentes y parejas) son responsables de los contratiempos. Por ejemplo, imagina a un hombre que no quiere hablar en reuniones de trabajo o en clases en la escuela porque predice: "Pensarán que soy tonto". En esta predicción viene implícita una explicación personal ("*soy* tonto" o "digo cosas tontas"), una explicación persistente ("si soy tonto, eso no cambiará") y una explicación pareja ("todos pensarán que soy tonto").

Supongamos que estas creencias fueran ciertas. ¿Qué pasaría después? Lo más probable es que, si ese hombre de verdad creyera que estos pensamientos son hechos, no tendría motivos para buscar soluciones. Su única esperanza sería sufrir o evitar, sin cesar.

Imagina una predicción más específica. Supongamos que sigue la preocupación por el juicio negativo, pero ahora (generando expectativas realistas) considera los factores personales y situacionales que hacen que la gente piense que es un tonto. Luego, en lugar de aferrarse a la idea de que su reputación se dañará para siempre, reconoce que, incluso si las cosas no van tan bien, con el tiempo se sentirá mejor y la gente se concentrará en otras cosas. Al final decide que es probable que sólo unas pocas personas, no la mayoría, hagan estos juicios groseros, y es posible que ni siquiera sucedan.

Observa que la valoración realista del hombre no es un ejemplo de pensamiento "positivo". De hecho, sigue considerando la dificultad de hablar y preocuparse por las reacciones que podría recibir. Pero ahora, armado con un enfoque más razonable para pensar en su desafío, puede prepararse un poco para hacer puntos interesantes o importantes; puede prepararse para la posibilidad de que, si tropieza, los efectos no duren mucho; y puede recordarse que, incluso si algunas personas optan por cuestionar su inteligencia, puede ignorarlas, porque se sentirá bien al contribuir y porque las opiniones mezquinas de unos pocos se refieren más a ellos que a él.

Crea tus expectativas realistas

Para preparar tus expectativas realistas, considera el área donde la ansiedad presenta desafíos. A continuación se muestran algunas categorías y ejemplos de preocupaciones orientadas al futuro.

> **Situaciones sociales:** dar un discurso, resolver un conflicto de relación, ser asertivo sobre tus necesidades, rechazar la solicitud de alguien, estar en desacuerdo, brindar retroalimentación a un empleado, comunicarte con el médico, discutir una factura, hacerle una pregunta a un extraño, pedir ayuda o un favor a un amigo, entablar una amistad, invitar a salir a alguien, tomar una clase para aprender algo nuevo.

Señales y desencadenantes ambientales: exposición a lugares, actividades, imágenes, recuerdos, sonidos, olores y sabores que te recuerdan eventos del pasado con carga emocional (como la pérdida de relaciones significativas, experiencias traumáticas o comportamientos personales que resultaron en vergüenza o culpa); estímulos fóbicos como alimentos específicos, espacios cerrados, sangre, agujas, animales, insectos, multitudes, suciedad y agua.

Desempeño de tareas: cumplir con las responsabilidades personales, terminar los deberes de la casa o proyectos de mejora del hogar, completar las tareas, cumplir con una fecha límite de trabajo, escribir un periódico o un artículo, conducir, tomar un vuelo, practicar un deporte o instrumento musical.

Preocupación, incertidumbre y pensamientos intrusivos: pensamientos acelerados; preocupación por un problema de dominio específico (como tu apariencia, eficacia, salud, capacidad para mantener relaciones, trabajo o situación económica); pensamientos críticos sobre ti o los demás; pensamientos desagradables sobre contaminación, orden, responsabilidad, violencia, religión, sexualidad, muerte; creencias de que "malos pensamientos" harán que sucedan "cosas malas" o que "malos pensamientos" significan "soy una mala persona"; preocupaciones existenciales sobre el sinsentido, la libertad y el aislamiento; preocupación por problemas sociales y políticos.

Síntomas físicos: malestar de tensión muscular, sudoración, temblores, calor, hiperventilación, frecuencia cardiaca rápida, estómago revuelto u otros síntomas gastrointestinales; creencia de que los síntomas físicos de ansiedad te causarán pánico, perder el control, "volverte loco", sufrir un ataque cardiaco o morir.

Algunas preocupaciones pueden clasificarse en varias categorías. Por ejemplo, si te estás preparando para viajar a otro país y estás ansioso por sacar el pasaporte, empacar todo lo necesario, llegar al aeropuerto a tiempo, pasar por el proceso de aduanas y estar inquieto durante el vuelo… las categorías relevantes son preocupación y desempeño de tareas.

Ya que identificaste la(s) categoría(s) empieza a refinar tus preocupaciones orientadas al futuro. Recuerda, las expectativas realistas son específicas. Debes considerar aspectos relevantes de las situaciones en las que podría ocurrir la respuesta que provoca ansiedad, fuerzas sociales y ambientales, obstáculos personales o respuestas probables, duración e intensidad de los desafíos y eventos impredecibles o incontrolables.

Para practicar cómo hacer predicciones realistas, responde estas preguntas en tu cuaderno o usa la Hoja de trabajo "Predicciones realistas" en www.newharbinger.com/show-your-anxiety-whos-boss/accessories (disponible sólo en inglés). Para ayudarte a generar tus ideas, la página de internet también incluye hojas de trabajo completadas con ejemplos. Sin importar el método que elijas, te ayudará crear una lista de expectativas realistas para ti.

- ¿Qué es importante saber sobre la situación, el desencadenante, la tarea, el pensamiento o las sensaciones que se avecinan? Considera quién estará presente, dónde estarás tú, qué pasará y por qué crees que representará un desafío.
- ¿Cuál es el desafío? ¿Cuánto durará y qué tan intenso o difícil será?

- ¿Hay factores personales que te dificultarán superar este desafío? ¿Hay algo en tu personalidad o comportamiento que pueda crear un obstáculo o impedirte afrontarlo tan bien como te gustaría? ¿Qué importancia tienen estos obstáculos?
- ¿Hay aspectos de la situación o del entorno social que puedan crear dificultades?
- ¿Anticipas una lucha con resultados impredecibles o incontrolables? ¿Hay resultados que no hay forma de saber de antemano (o cosas que podrían suceder o sucederán sobre las que no puedes hacer nada)? Si es así, enuméralos.

PU2: PRIORIZAR DESAFÍOS

Ya que generaste un conjunto de expectativas realistas, prioriza los resultados de alta probabilidad y alto impacto para abordarlos más adelante con planes de cambio o aceptación. Selecciona algunas (pocas) preocupaciones específicas que merezcan la mayor atención. Conforme identificas estos desafíos, ten en cuenta que trabajarás en cada problema en el siguiente paso de este proceso, así que selecciona una cantidad razonable de conflictos que crees que estás preparado para abordar. Ahora clasifícalos en orden de importancia en tu cuaderno o en los materiales en línea "Priorizar desafíos" en www.newharbinger.com/show-your-anxiety-whos-boss/accessories (disponible sólo en inglés).

PU3: PREPARAR UN PLAN Y SEGUIRLO

Una vez que priorizaste los desafíos de alta probabilidad y alto impacto, reflexiona en las estrategias que puedes preparar para responder a ellos. Las respuestas a la ansiedad o los desafíos que la alimentan se dividen en dos categorías amplias: *cambio* o *aceptación*.

Recuerda que trabajar en la ansiedad significa encontrar alternativas a la evitación u otras conductas de seguridad que te impiden realizar actividades o experiencias que deseas en la vida. Si decides trabajar en la ansiedad, puedes modificar aspectos de la situación o tu comportamiento para reducirla y aumentar tu sentido de control personal, o prepararte para aceptar y tolerar una cantidad razonable de incomodidad que podría surgir cuando hagas algo difícil.

Dado que el *cambio* (o tomar medidas para superar los desafíos) es el enfoque de la segunda sección de este libro y la *aceptación* es el de la tercera, las ideas a continuación resaltan sólo las estrategias generales que podrías usar para prepararte *cognitivamente* para trabajar en los desafíos venideros.

Cuando te preparas para un reto futuro, piensa cómo esperas funcionar y por qué crees que será el caso. Por ejemplo, si estás ansioso por la próxima conversación con una vecina nueva que te invitó a tomar un café, es posible que al principio no tengas claro qué te preocupa. Pero cuando reflexionas sobre tu visita, anticipas que tendrá pensamientos ("¿le agrado?"), sentimientos (ansiedad), sensaciones físicas (sudoración y palpitaciones del corazón) y comportamientos (mirar alrededor de la habitación, hacer bromas raras cuando todo se quede en silencio, terminar rápido las conversaciones) que podrían dificultar tu interacción.

Si reflexionas sobre encuentros pasados con personas que querías conocer mejor y decides que sí, éstas *son* expectativas realistas, ¿hay algo que puedas hacer al respecto en el futuro con gente nueva? ¿Existe algún potencial de cambio para hacer que la situación sea más manejable? ¿Podrían surgir algunas luchas con las que tendrás que lidiar, incluso si son incómodas? ¿Cómo prepararte para estas posibilidades para ser (al menos) un poco más eficaz, menos ansioso o estar mejor capacitado para trabajar en un desafío?

A continuación hay un ejemplo de un plan de cambio o aceptación para abordar, una por una, las dificultades anticipadas de un próximo desafío (en este caso, visitar a la vecina). También lo puedes encontrar en www.newharbinger.com/show-your-anxie ty-whos-boss/accessories (disponible sólo en inglés) con una hoja de trabajo vacía para crear planes para tus situaciones que provocan ansiedad. Si prefieres, enumera los problemas esperados y tus opciones de cambio o aceptación en el cuaderno.

Problema esperado	Opciones de cambio o aceptación
Pensamientos: • Preocupación porque no le agrade	• Recordarme que le agrado a la mayoría de las personas, en especial cuando soy amable y muestro interés. • Recordar que no sabré lo que está pensando, así que mejor me concentro en la calidad de nuestra interacción. • Saber que, si parece cautelosa, también podría estar ansiosa.
Sentimientos: • Ansiedad	• Hacer una broma sobre sentirse ansioso (una emoción normal cuando conoces a alguien nuevo y esperas que todo vaya bien). Eso podría tranquilizarnos a los dos.

Problema esperado	Opciones de cambio o aceptación
Sensaciones físicas: • Sudoración • Palpitaciones del corazón	• Hacer algo de ejercicio antes de la visita. Por lo general eso me calma. • Concentrarme en ralentizar mi respiración cuando me sienta muy agitado. • "Trabajar en" la agitación interna sin juzgar: "Es sólo una molestia y no debo dejar que me controle". • Darme una pausa por tener sensaciones físicas y crédito por conocer a alguien nuevo, incluso cuando es difícil.
Comportamientos: • Mirar alrededor de la habitación • Hacer bromas raras cuando todo se quede en silencio • Terminar rápido las conversaciones	• Redirigir la atención a mi vecina y hacer contacto visual. • Mantener la conversación fluyendo con un equilibrio de preguntas y una cantidad razonable de divulgación personal. • Recordar que no es mi responsabilidad llenar todos los espacios. • Pensar de antemano en algunos temas de conversación (el vecindario, los eventos actuales o la cultura pop).

PU4: REALIZAR EVALUACIONES POSTERIORES AL EVENTO

Después de crear y priorizar expectativas realistas, preparar un plan y experimentar el desafío anticipado, es hora de evaluar cómo fueron las cosas. ¿Qué aprendiste de tu experiencia? Puedes responder las siguientes preguntas en tu cuaderno o comparar tus predicciones y resultados utilizando la Hoja de trabajo "Evaluación posterior al evento" en www.newharbinger.com/show-your-anxiety-whos-boss/accessories (disponible sólo en inglés).

- ¿Tus expectativas fueron realistas y útiles o te basaste en fantasías ansiosas?
- ¿Sobreestimaste la amenaza y subestimaste tu capacidad para afrontar la situación, sólo para descubrir que todo salió bastante bien y que tu ansiedad era manejable?
- ¿Minimizaste el desafío y anticipaste la seguridad o el éxito, pero tu experiencia fue demasiado abrumadora y llena de contratiempos?
- ¿Cuáles fueron tus predicciones para la situación, desencadenante, tarea, pensamiento o sensación? ¿Qué pasó?
- ¿Cuáles fueron tus predicciones para las fuerzas sociales y ambientales? ¿Qué pasó?
- ¿Cuáles fueron tus predicciones para las experiencias personales (pensamientos, sentimientos, sensaciones y comportamientos)? ¿Qué pasó?
- ¿Cuáles fueron tus predicciones sobre la duración e intensidad de los desafíos? ¿Qué pasó?
- ¿Cuáles fueron tus predicciones para eventos impredecibles o incontrolables? ¿Qué pasó?

PU5: CONSIDERAR ESPACIO PARA MEJORAR

Ahora que ya tuviste la oportunidad de considerar hasta qué punto tus creencias orientadas al futuro son fantasías ansiosas o predicciones útiles, ¿hay algún cambio que te gustaría hacer en el futuro?

Responder las siguientes preguntas te ayudará a evaluar las fortalezas y limitaciones de tu enfoque cognitivo para el manejo de la ansiedad. Revisa tus respuestas y piensa cómo te gustaría abordar desafíos similares en el futuro. Considera si hay creencias o procesos que te gustaría conservar y otros que podrían modificarse para posicionarte mejor para el éxito. Responde las preguntas en tu cuaderno o usa los materiales de "Espacio para mejorar" en www.newharbinger.com/show-your-anxiety-whos-boss/accessories (disponible sólo en inglés) para responder y explorar con mayor detalle. También hay un cuadro vacío en internet donde puedes resumir tus experiencias con los cinco aspectos de las predicciones útiles.

1. ¿Hay una o más fantasías ansiosas que dominan tu pensamiento sobre el futuro? ¿Cómo te afectan? ¿Por qué sería importante cambiar? ¿Cuál sería un cambio en tu pensamiento que tendría el mayor impacto en tu funcionamiento emocional y conductual?

2. ¿Tu pensamiento es generalizado y responde a formas de pensar más específicas? ¿Te sientes abrumado por concentrarte demasiado en aspectos muy específicos de los desafíos futuros? ¿Usas mucho la evitación cognitiva? ¿Has notado un patrón de distracción o pasas con rapidez de una preocupación a otra? ¿Cómo te ayuda eso? ¿Cómo te crea problemas? ¿Qué podrías hacer al respecto?

3. ¿Minimizas los desafíos, asumes que no tienes nada de qué preocuparte y luego estás sufriendo porque no te preparaste? ¿Qué podrías hacer al respecto? Para explicar las cosas que pasan en tu vida, ¿recurres a las Tres P (personales, persistentes y parejas)? ¿Cómo esto te lleva a fantasías ansiosas? ¿Qué podrías hacer en vez de eso?

4. ¿Estás capacitado para tener expectativas realistas sobre algunos resultados, pero no sobre otros? Si es así, ¿cuál es la explicación? ¿Te es más difícil lidiar con pensamientos, sentimientos, sensaciones físicas o comportamientos angustiantes? ¿Qué podrías hacer al respecto?

5. ¿Puedes priorizar un puñado de problemas de alta probabilidad o alto impacto o le pones demasiada atención a todos los aspectos de un desafío? ¿Qué cambios podrías hacer?

6. Cuando identificas problemas futuros, ¿te orientas hacia la evitación? ¿Puedes identificar estrategias útiles de cambio o aceptación? ¿Por qué sería importante reemplazar la evitación con el cambio o la aceptación? ¿Cuándo es útil el cambio? ¿Cuándo es útil la aceptación?

7. ¿Piensas en la superposición entre tus predicciones y experiencias y exploras oportunidades para mejorar? ¿Hay algún inconveniente en hacer esto? ¿Hay beneficios? ¿Qué te gustaría hacer?

¿CÓMO AYUDA ESTO? ¿QUÉ SIGUE?

Responder a fantasías ansiosas con predicciones útiles te ayudará a pensar de manera realista sobre desafíos específicos y probables, trazar estrategias para funcionar de forma efectiva, tolerar aspectos incontrolables de situaciones que provocan ansiedad, reflexionar sobre tus experiencias y planear hacer mejoras en el futuro. Los cinco pasos cubiertos en este capítulo se pueden utilizar con flexibilidad (ya sean juntos o separados) para crear predicciones útiles.

En la siguiente sección del libro, "Actúa, pide satisfacción", cambiará tu enfoque de la cognición al comportamiento. Ya desarrollaste las habilidades para identificar y responder a fantasías ansiosas y otras distorsiones cognitivas que interfieren con el manejo de la ansiedad. Ahora considerarás los comportamientos que te gustaría aumentar y los pasos que puedes dar para lograrlo.

Como consideramos antes en el libro, la evitación y el afrontamiento centrado en las emociones nos alejan de vivir en nuestros términos. Dejamos de hacer lo importante o significativo y nos enfocamos más en reducir la ansiedad que en los comportamientos que valoramos. El siguiente capítulo aborda la importancia de tener un comportamiento personalmente satisfactorio. Reflexionarás hacia cuáles apuntar para concentrarte más en los comportamientos valorados que en la evitación o control de la ansiedad. ¡Manos a la obra!

Resumen del capítulo: PUNTOS CLAVE

✓ Las predicciones útiles incluyen cinco estrategias que apoyan el manejo de la ansiedad, en lugar de interferir con él: 1) establecer expectativas realistas, 2) priorizar desafíos de alta probabilidad y alto impacto, 3) preparar y seguir un plan que consista en posibles cambios y respuestas de aceptación, 4) realizar evaluaciones posteriores al evento para comparar las predicciones con los resultados reales, y 5) considerar espacios para mejorar de forma cognitiva y conductual en el futuro.

✓ Las predicciones útiles incluyen creencias sobre el futuro específicas, realistas y útiles.

- -

✓ A diferencia de las fantasías ansiosas, las predicciones útiles proporcionan una plataforma para gestionar y responder a los desafíos en lugar de evitarlos.

- -

✓ Las predicciones útiles se pueden evaluar después de nuestras experiencias para ayudarnos a determinar si estamos limitados por nuestras fantasías ansiosas y si hay margen de mejora en nuestro pensamiento.

- -

✓ Las predicciones útiles son importantes porque nos permiten "trabajar en" fantasías ansiosas.

- -

✓ El inconveniente de "trabajar en" es que requiere que manejemos la ansiedad de forma directa mientras asumimos los desafíos que acompañan a las actividades que dan sentido a la vida.

- -

✓ La ventaja de "trabajar en" es que nos ayuda a aprender que la ansiedad es molesta e inconveniente, pero tolerable, y no tiene por qué impedirnos vivir nuestra vida.

- -

SECCIÓN 2

Actúa, pide satisfacción

6

La vida satisfactoria

La primera sección de este libro te preparó para responder con eficacia a las fantasías ansiosas con creencias más realistas y útiles. Esta sección te ayudará a contrarrestar los deseos de evitación al superar los desafíos emocionales que te alejan del comportamiento que valoras. La ansiedad dificulta la participación en actividades importantes, placenteras y significativas. Pero la única satisfacción que obtenemos de la evitación es el alivio temporal que surge al distanciarnos de situaciones difíciles.

Con el tiempo, las tácticas de evitación se vuelven cada vez más insatisfactorias. La decepción de no participar en las actividades más importantes supera la seguridad que experimentamos al rechazar los desafíos. Cuando se trata del manejo de la ansiedad a largo plazo, priorizar la acción por encima de la evitación es un principio clave. Trabajar en la ansiedad para hacer las cosas que valoras promueve la satisfacción con la vida al ayudarte a experimentar, de primera mano, que tus pensamientos y sentimientos momentáneos no te controlan y que eres capaz de enfrentar la ansiedad para vivir la vida en tus términos.

Esta sección del libro se centra en la acción. Aprenderás formas comunes y ocultas de evitación que interfieren con la vida dirigida a objetivos; cómo "hacerlo de todos modos" cuando la ansiedad se interpone en un comportamiento difícil pero importante, y cómo vivir de manera proactiva para prepararte para un estilo de vida que reemplaza la evitación con acción y satisfacción. En este capítulo te enfocarás en tus valores, cómo identificarlos y aprovecharlos para tomar decisiones conductuales cuando la ansiedad parece empujarte hacia la evitación.

OBSTÁCULOS PARA LA ACCIÓN

Participar en actividades significativas a pesar de la ansiedad es una de las estrategias de manejo de la ansiedad más poderosas que puedes desarrollar. Pero es más fácil decirlo que hacerlo. La razón principal por la que nos enfocamos primero en las estrategias cognitivas (identificar tus trampas del pensamiento, luego desafiarlas y reestructurarlas) es que cuando vemos las fantasías ansiosas por lo que son, nos abruman menos y nos liberamos para redirigir nuestra atención de los eventos internos a los comportamientos que de verdad valoramos. El trabajo cognitivo que ya hiciste facilita el considerar tus metas de conductas (previamente frenadas por la ansiedad) como realidades alcanzables. Quizá esto es evidente cuando consideras los desafíos en tu vida que claramente provocan ansiedad y son difíciles de abordar sin estar preparado en el aspecto mental. Pero para muchos, la dificultad de participar en actividades gratificantes también está afectada por una ansiedad oculta o disfrazada.

Por ejemplo, considera las razones que usamos para evitar actividades importantes, pero desafiantes. Decimos "no estoy motivado" o "necesito prepararme para esto", sugiriendo que hasta que estemos seguros y motivados (un momento mágico que puede no llegar nunca) es mejor posponer las cosas. Sí, la relación entre este ejemplo y la ansiedad no es evidente, pero imagina por un momento que cada vez que te das cuenta de que vas por este camino cognitivo, reconoces que quizá nunca haya un momento perfecto para empezar, así que decides actuar de todos modos. Imagina que a pesar de no sentirte cien por ciento preparado, *de todos modos* escribes ese boletín, estudias para el examen, limpias tu sótano, asistes a una reunión familiar o te inscribes en una clase de ejercicios. ¿Qué crees que pasaría?

Veamos un estudio de caso para más detalles. Cory se graduó de la facultad de derecho hace tres años. Después estudió para el examen de la barra de abogados durante seis meses y no pasó. Estaba decepcionada (es comprensible), pero después de dedicar muchos años a la escuela y a los estudios de posgrado, decidió que tomarse un descanso de su trabajo no sólo sería bueno para su salud mental, sino que también podría ser una buena oportunidad para concentrarse en su vida personal. Cory y su esposo estaban deseosos de formar una familia, así que apartó sus objetivos profesionales después del nacimiento de su hija y dirigió su atención a la crianza.

Al principio pensó que dos años de descanso serían razonables, pero el tiempo se le escapó y ahora, tres años después de graduarse, Cory tiene serias dudas sobre su capacidad para preparar el examen y aprobarlo. Se inscribió en un curso de preparación y se unió a un grupo de apoyo en línea, pero su ansiedad relacionada con estudiar y presentar el examen era intensa. Encontró otras cosas que hacer para racionalizar el aplazamiento del trabajo y se convenció de que seguía siendo productiva en otras áreas de la vida, por lo que sólo era cuestión de tiempo antes de atar cabos sueltos y sentarse a estudiar. Por la noche, cuando las cosas estaban tranquilas en casa, se atascaba en fantasías ansiosas: "No sé cómo empezar" y "Me he tomado tanto tiempo libre que tendré que volver a aprender todo de nuevo... seguro no aprobaré, no importa lo que haga".

¿Te suena familiar? Para muchos, aquí es donde las fantasías ansiosas empiezan a surgir de nuevo. Como Cory, predecimos que no podremos mantener la concentración o hacer un trabajo eficaz, que nuestro esfuerzo no valdrá la pena, que nos avergonzará un desempeño deficiente o que no podremos tolerar un proceso imperfecto. Las herramientas cognitivas que aprendimos antes son útiles para resolver preocupaciones como éstas, de modo que estemos más preparados mentalmente para participar en actividades que valoramos. Pero, en última instancia, toda la preparación cognitiva que hacemos importa poco si no somos capaces de actuar.

CÓMO PUEDES ACTUAR

El trabajo conductual que harás en los siguientes capítulos dará sus frutos ayudándote a desarrollar habilidades para afrontar la ansiedad, "trabajar en" los desafíos y funcionar de forma eficaz, incluso cuando la ansiedad genere una distracción. Otro beneficio de actuar es el efecto que tiene sobre la cognición. Entre más vivas como alguien impulsado por predicciones útiles, obtendrás más evidencias de comportamiento para respaldar estas creencias nuevas y más adaptables. He aquí cómo Cory se benefició de las herramientas que aprenderás:

Tras luchar durante algún tiempo con la ansiedad sobre su futuro profesional, Cory habló con su vecina, Vina, una recién graduada de la escuela de leyes lista para comenzar a estudiar para la barra. Un día, Vina mencionó que su plan era dedicar una hora al día a estudiar, incluso si era difícil empezar y mantenerse concentrada. Esta idea le pareció un poco intimidante a Cory, pero también razonable, por lo que ella y Vina se comprometieron a estudiar juntas durante una hora al día, con el entendimiento de que, después de la hora, estaba bien dejarlo si querían. En vez de concentrarse en la totalidad del abrumador proyecto que tenían por delante, Cory y Vina eligieron un objetivo compartido de coherencia y responsabilidad.

Al principio, Cory se sintió aún más ansiosa. Se dio cuenta de cuánto necesitaba aprender y cuánto tiempo tomaría prepararse para el examen. Pero con el tiempo, mientras seguía comprometida con su objetivo, notó un cambio en su forma de pensar. Respondió a las fantasías ansiosas con predicciones realistas y útiles. Con un plan de estudio sólido en marcha, descubrió que su comportamiento le proporcionaba pruebas para apoyar creencias más realistas: "Es difícil empezar, pero es la parte más importante" y "No tengo que disfrutar el proceso de estudiar, pero con un compromiso a largo plazo con mi trabajo, hay muchas posibilidades de que apruebe el examen y esté orgullosa del esfuerzo que hice". Un año después de estudiar, Cory aprobó su examen. Cuando reflexionó sobre su experiencia, señaló: "Pensé que todo el proceso sería imposible, pero mi perspectiva cambió cuando empecé a trabajar en él. ¡Me alegro de haber entrado en la barra de abogados, pero desearía haber comenzado mucho antes!".

Si has tenido experiencias como éstas donde, por la ansiedad, retrasaste las acciones para lograr algo importante, tal vez valoras el estar mentalmente preparado, pero desearías que no tardara tanto. Claro, es útil considerar los riesgos y las recompensas, el potencial de éxito y la incertidumbre antes de correr riesgos, pero existe una diferencia entre la planeación razonable y la evitación. Puedes seguir haciendo predicciones útiles para prepararte para los próximos desafíos, pero también debes mantenerte enfocado en los objetivos conductuales y tomar medidas para avanzar hacia ellos. La preparación mental es importante, pero el comportamiento impulsa la cognición, así que asegúrate de proporcionar esa evidencia de conducta para respaldar formas productivas de pensar sobre los riesgos y tu capacidad para afrontarlos.

¿CÓMO QUIERES VIVIR?

Considera por un momento cómo sería tu vida si la ansiedad no existiera ni te creara problemas. ¿Seguirías trabajando tan duro como ahora para atender tu experiencia interna o te darías un descanso de lidiar con pensamientos y sentimientos para comenzar a hacer otras cosas que evitas porque la ansiedad se interpone en tu camino? Imagino que ya dedicaste más tiempo del que te gustaría a los procesos internos y estás ansioso por hacer más con tu vida. Si es cierto, ¿qué esperas hacer? Para que pienses en las actividades que te gustaría priorizar, el siguiente cuadro incluye ejemplos de comportamiento impulsado por valores en ocho dominios diferentes.

Dominio del valor	Comportamiento impulsado por valores
Crecimiento personal y responsabilidad	Tomar una clase universitaria, investigar un tema nuevo, iniciar un blog, pagar facturas, revisar las finanzas, ahorrar dinero, correr un riesgo, organizar tu

La vida satisfactoria

Dominio del valor	Comportamiento impulsado por valores
	espacio, viajar a algún lugar nuevo, iniciar proyectos, terminar lo que empezaste…
Salud y forma física	Seguir un horario de sueño, preparar comidas para la semana, llevar un diario de alimentos, conseguir un entrenador personal, tomar una clase de ejercicios, meditar, programar un masaje, dar paseos, hacerte un chequeo médico o una limpieza de dientes, usar hilo dental, tomar aire fresco y luz solar, practicar yoga, entrenar para una carrera formal o divertida, practicar un deporte…
Servicio	Hacer trabajo voluntario, ayudar a un amigo a mudarse, involucrarte en activismo, organizar un evento de caridad, asistir a uno de beneficencia, compartir tu conocimiento, ser un mentor…
Familia	Planear unas vacaciones familiares, leer libros sobre paternidad, ayudar a los niños con la tarea, programar reuniones familiares, ser un oyente comprensivo, trabajar en estrategias de disciplina, hacer las tareas del hogar juntos, visitar a familiares…
Amigos y relaciones íntimas	Enviar mensajes de texto o llamar a tus amigos, tener conversaciones difíciles, ser asertivo, reunirse para almorzar, ir a una cita, mostrar aprecio, cumplir promesas, planear actividades juntos, poner tu perfil en un sitio de citas, ir a una fiesta…
Espiritualidad	Asistir a un servicio religioso, participar en un ritual, ir a un retiro de meditación, asumir un papel de liderazgo en una organización, leer textos religiosos o espirituales, unirte a un grupo de estudio…

Dominio del valor	Comportamiento impulsado por valores
Creatividad	Tomar una clase de cerámica, reservar tiempo para las obras de arte, escribir un diario, asistir a ferias artesanales, escribir cuentos, inscribirte en lecciones de baile, visitar un museo...
Profesional	Buscar un nuevo trabajo, empezar tu negocio, crear redes de trabajo, ayudar a los colegas, cumplir con las responsabilidades, solicitar una promoción, ofrecerte como voluntario para dar una presentación, asistir a las reuniones del personal, trabajar horas extra, pedir comentarios, actualizar tu currículum...

En tu cuaderno, escribe los dominios valiosos que te gustaría priorizar en la vida. Puedes incluir los que se muestran en el cuadro, agregar los que quieras o sustituir por otros que identifiques. Luego, enumera los comportamientos impulsados por valores que te gustaría aumentar en esas áreas, en especial los difíciles de hacer por culpa de la ansiedad.

¿CÓMO AYUDA ESTO? ¿QUÉ SIGUE?

Priorizar el comportamiento valorado por encima de la evitación o el control de la ansiedad es lo opuesto a la forma en que operan muchas personas cuando se trata del manejo de la ansiedad. Es natural seguir ese camino de tratar de sentirte mejor antes de actuar, pero trabajar en la dirección opuesta puede dar grandes frutos. Aunque la ansiedad en sí puede ser incómoda y molesta, poner la vida en suspenso porque la ansiedad se interpone en el camino es una preocupación mucho mayor para varias personas.

Hacer algo satisfactorio, a pesar de la presencia de ansiedad, te ayuda a ver que la ansiedad no te controla. También proporciona evidencia para respaldar las predicciones realistas y útiles que haces en respuesta a las fantasías ansiosas.

En el siguiente capítulo pensarás más sobre el desarrollo de la evitación, incluyendo cómo se aprende y por qué persiste. También examinarás las formas típicas (y a veces sutiles) de evitación que crean obstáculos en tu vida. Esta comprensión te ayudará a prepararte para estrategias que te permitan trabajar en desafíos significativos en lugar de evitarlos.

Resumen del capítulo: PUNTOS CLAVE

✓ Dirigir la atención y el esfuerzo hacia el manejo de la ansiedad a través de la evitación y otras conductas de seguridad puede ofrecer un alivio temporal, pero también nos aleja de las actividades que promueven la satisfacción con la vida a largo plazo.

✓ Es fácil pasar por alto las formas sutiles de evitación que interfieren con las oportunidades de participar en actividades que brindan placer y una sensación de logro.

✓ Nuestra mejor respuesta a los deseos de evitación es actuar de acuerdo con nuestros valores, participando en comportamientos significativos que impulsen la satisfacción con la vida.

7

¿Cómo evitas?

A pesar de nuestras mejores intenciones, las cosas que hacemos para superar la ansiedad (sutiles o extremas) a menudo implican evitación. ¿Tratas de no pensar en una idea inquietante? Evitación cognitiva. ¿Respiración profunda para reducir la agitación interna? Evitación de sensaciones emocionales y físicas. ¿Negarte a hacer algo difícil, pero importante porque no sabes si serás capaz? Evitación conductual.

La evitación es una táctica que usamos para distanciarnos de las experiencias que no nos gustan, pero cuanto más confiamos en ella, psicológicamente somos más incapaces de participar en un comportamiento que valoramos. Esto se debe a que, cuando recurrimos a la evitación para sentirnos seguros y luego experimentamos un poco de alivio como resultado, empezamos a creer que nuestra mejor opción para hacer frente a la ansiedad es reducirla o controlarla. Con el tiempo, una vez que tomamos la decisión de hacer algo importante, pero que provoca ansiedad, tendemos a utilizar las estrategias de evitación que ya conocemos. En lugar de estar presentes y participar en una actividad valorada, redirigimos nuestra atención a tácticas que podrían ayudarnos a sentirnos mejor.

Es comprensible que la ansiedad y la evitación vayan de la mano. Nuestras respuestas cognitivas, emocionales y físicas a una amenaza percibida son incómodas, entonces, ¿por qué no ceder al deseo natural de apagar la alarma? Por desgracia, cuando las estrategias de evitación que usamos para alejarnos un poco de la preocupación, los pensamientos acelerados, la respiración rápida, la tensión y la incomodidad subjetiva, no tienen el impacto que nos gustaría, corremos el riesgo de evitar por completo situaciones valoradas, pero que provocan ansiedad, hasta que creamos que tenemos control sobre lo que nos hace sentir tan mal.

La idea de que debemos controlar la ansiedad antes de pasar a actividades más significativas va en contra de la perspectiva que te ayudará a responder de manera más efectiva a la ansiedad en tu vida. Prevenir el malestar parece importante cuando anticipamos desafíos, pero priorizar el comportamiento valorado por encima de la reducción de la ansiedad lleva a resultados más satisfactorios a largo plazo. Seguir adelante con la vida, incluso si eso significa tolerar algo de ansiedad en el camino, crea una oportunidad para aprender que "no necesito evitar la ansiedad para poder hacer lo que es importante para mí". Aunque éste es uno de los conceptos de manejo de la ansiedad más importantes que podemos aprender, es difícil aceptar esta idea sin una experiencia de primera mano. En consecuencia, muchas personas o no están dispuestas a trabajar en su funcionamiento cuando se sienten ansiosas o están confundidas acerca de cómo dar esos pasos, por lo que deciden seguir con sus patrones típicos de afrontamiento evitativo o centrado en las emociones, a pesar de los inconvenientes.

Entender tus patrones de evitación hará más fácil notar los deseos de evitación en las situaciones que más te ponen a prueba, de modo que puedas detenerte por un momento, explorar tus opciones para responder y tomar una decisión sobre cómo proceder. Entre más practiques tolerando la ansiedad y trabajando en los deseos de evitación, más descubrirás que puedes funcionar a pesar de la presencia de la ansiedad. Este capítulo te ayudará a entender el problema de la evitación: por qué se desarrolla, cómo persiste y las tres formas en que aparece. Más adelante usarás este conocimiento para planear experimentos conductuales que te ayudarán a comprobar qué pasa cuando aceptas riesgos razonables para hacer lo que valoras, sin recurrir a la evitación.

NO TODO EL MUNDO PUEDE ESTAR TAN ANSIOSO, ¿O SÍ?

Cuando creemos que la ansiedad es demasiado angustiante para tolerarla y que nuestros problemas con la ansiedad son más graves que los de otras personas… es difícil apartar la idea de que evitarla es lo mejor para manejarla. Al observar a otros que parecen tranquilos, controlados y para nada distraídos por la angustia interna, pensamos: "Otras personas no luchan con la ansiedad como yo. Para ellas es fácil decir: 'No evites la ansiedad, sólo trabájala', pero eso no es realista para mí". El problema de este argumento es que no hay forma de saber qué tan tranquilos están los demás cuando se trata de afrontar los desafíos de la vida. (Créeme, te sorprendería saber cuántos individuos son buenos fingiendo cuando se sienten completamente abrumados por dentro.) Por mucho que parezca que todos los demás permanecen serenos y valientes mientras nosotros nadamos en un mar de agitación interna, la realidad es que *todo el mundo* experimenta ansiedad, pero *diferimos en nuestras respuestas a ella*.

También corremos el riesgo de querer usar la evitación cuando nos comparamos con personas que parecen gestionar tareas o proyectos exigentes sin esfuerzo, mientras luchamos para enfrentar problemas menores. Pensamos en la gente que tiene nervios de acero cuando se enfrenta a desafíos extraordinarios (esas personas sobrehumanas que parecen tener cero ansiedades en situaciones de alta presión), mientras nosotros no conciliamos el sueño por las incertidumbres del mañana. Una vez uno de mis pacientes comentó: "¡La gente dirige empresas multimillonarias con confianza, y aquí estoy yo, preocupado por no poder afrontar otro día de intentar vestir a un niño irritable para la guardería!".

Es fácil seguir este camino, pero también es importante reconocer que lo que provoca ansiedad en una persona puede no ser gran cosa para otra y que todos variamos según las situaciones y desafíos que consideramos emocionalmente abrumadores. El hecho de que nuestros problemas sean iguales o diferentes a los de los demás es menos importante que las estrategias que utilizamos para trabajarlos.

Cuando nos enfocamos en lo desagradable que se siente la ansiedad y nos juzgamos menos efectivos que los demás para manejarla, es fácil quedarse atascado en ideas como: "Evitar es una parte necesaria del manejo de la ansiedad y, cuando descubra cómo reducirla, volveré a vivir y correré más riesgos". Por contradictorio que parezca en este momento, me gustaría que consideraras algunas perspectivas alternas:

- Todo el mundo experimenta ansiedad, pero nuestras respuestas conductuales son diferentes.
- La evitación reduce la ansiedad por un tiempo, pero te aleja de hacer las cosas que te importan.

- Para el manejo de la ansiedad a largo plazo, es importante priorizar las actividades que valoras, incluso cuando te sientes ansioso, para que aprendas a hacer lo que quieres en la vida sin estar controlado por tus emociones.
- Al practicar nuevas formas de relacionarte con la ansiedad te brindas la oportunidad de mejorar, desarrollar habilidades y vivir la vida en tus términos.

Tres buenas razones

Piensa en las afirmaciones anteriores. ¿Qué tanto estás de acuerdo o en desacuerdo con ellas? Escribe en tu cuaderno las formas en las que ya te enfrentas a la ansiedad por hacer lo que valoras. A continuación enumera las formas en las que evitas desafíos importantes porque te provocan ansiedad. Al final considera por escrito qué pasaría si, en lugar de evitar preocupaciones, actividades y situaciones importantes que desencadenan la ansiedad, de todos modos enfrentaras con valor esos desafíos. Escribe tres buenas razones para superar los desafíos en lugar de evitarlos y luego tres razones para seguir con la evitación. Revisa tus listas. ¿Qué crees que deberías hacer?

EL DESARROLLO DE LA EVITACIÓN

Cuando se presenta el concepto de evitación, la mayoría de las personas observa los problemas que ésta crea en la vida. Menos clara es la explicación del desarrollo y mantenimiento de la evitación. Entonces, echemos un vistazo a las características de la personalidad que impulsan la evitación, y a las experiencias que tenemos que fortalecen los patrones de evitación. Verás qué fácil es caer en la trampa de la evitación habitual y entenderás por qué es un hábito difícil de romper. Esta información te ayudará a ver que superar los desafíos en vez de evitarlos requiere práctica y coherencia, así que ten paciencia contigo si tus intentos de responder a la ansiedad de una nueva manera al principio no salen tan bien como te gustaría.

La personalidad ansiosa y evitativa

Para quienes más luchan con la ansiedad, la evitación surge naturalmente en respuesta a una colección de rasgos de personalidad ansiosos, reactivos o cautelosos de manera emocional, que son, hasta cierto punto, heredables e impulsados por procesos biológicos. Estas disposiciones son evidentes a una edad muy temprana y tienden a ser estables en el tiempo. Por ejemplo, algunos bebés se distinguen de sus compañeros por su temperamento quisquilloso o irritable. También pueden tener un comportamiento cohibido, ser muy tímidos y carecer de audacia (un patrón que persiste durante los primeros años). A lo largo de la infancia siguen protegiéndose de las emociones abrumadoras al evitar situaciones poco claras o exigentes. Como adolescentes y adultos, los patrones de exceso de control y reactividad emocional persisten, lo que conduce a esas luchas frustrantes con la ansiedad y evitación que conocemos tan bien.

Pero estas características de personalidad no son las únicas responsables de la evitación. Sí, nuestra disposición influye en cómo seleccionamos oportunidades para sentirnos seguros en lugar de desafiados, pero también aprendemos a evitar a través de la experiencia (las consecuencias repetidas y predecibles de nuestros comportamientos de evitación).

Evitación aprendida

Las personas que muestran características de personalidad evitativa son más propensas a luchar contra la ansiedad (en especial si los riesgos que toman con regularidad llevan a contratiempos emocionales o si intentan controlar su ansiedad evitando los desafíos constantemente). Pero cualquiera puede adquirir patrones de evitación mediante el aprendizaje experiencial.

El proceso general de aprendizaje se entiende examinando la asociación entre el comportamiento y sus consecuencias. Para aclarar algunos principios fundamentales del aprendizaje, consideremos primero un ejemplo sencillo y luego apliquemos estas ideas a la evitación.

Por ejemplo, supongamos que un entrenador quiere que sus atletas se esfuercen más en la práctica. Cuando ve a los atletas trabajando duro, los elogia, con la intención de promover un alto nivel de esfuerzo en las prácticas futuras. Cuando se da un estímulo o un evento como elogio y aumenta el comportamiento objetivo (el esfuerzo en la práctica), el aprendizaje se produce a través del *refuerzo positivo*.

El entrenador también puede promover el esfuerzo diciéndole al equipo que los atletas que trabajen duro tendrán un descanso de las vueltas que hacen después de cada práctica. En este ejemplo, la consecuencia del esfuerzo en la práctica es la eliminación de un estímulo o un evento, que es cómo aprendemos a través del *refuerzo negativo*.

En ambos casos, aprender a través del refuerzo se refiere a un aumento en el comportamiento que está determinado por sus consecuencias. La etiqueta "positiva" significa que se presenta una consecuencia y la etiqueta "negativa" significa que se ha eliminado.

Podemos aplicar este principio de aprendizaje a patrones de evitación. Es posible que ya hayas reconocido que la evitación rara vez se desarrolla a través del refuerzo positivo. De hecho, la mayoría de las personas que dependen de la evitación se queja de que le hace perder las experiencias que desea en la vida. La evitación y otras conductas de seguridad se refuerzan mediante el refuerzo negativo. Cuando evitamos algo para hacer frente a la ansiedad y la consecuencia es una disminución de la angustia, es probable que la evitación aumente. Dicho de otra manera, la eliminación temporal de la ansiedad refuerza negativamente la conducta de evitación.

Por qué persiste la evitación

Pero espera, sabemos que la evitación no *siempre* da sus frutos. A veces la conducta de evitación se refuerza y otras no. Quizá hayas notado que tus estrategias de manejo de la ansiedad no siempre producen los mismos resultados. En algunos casos la evitación conduce al alivio y, en otros, la ansiedad aumenta y persiste. En pocas palabras, tendemos a ser reforzados de manera inconsistente para evitar. La noticia decepcionante y contradictoria que te tengo es que este refuerzo inconsistente o parcial es justo la razón por la que tendemos a usar la evitación como una estrategia de manejo de la ansiedad, a pesar de todos sus inconvenientes.

Para comprender cómo funciona esto, considera el papel que juega el refuerzo parcial en el fortalecimiento de otros comportamientos problemáticos. Por ejemplo, piensa en una niña pequeña que hace un berrinche en la tienda porque quiere helado. Sus padres tratan de ignorar sus gritos, pero al final, no pueden soportarlo más. Ceden y paran la rabieta comprándole helado. Aunque la niña no aprendió que cada petición y rabieta se reforzará con helado, sí aprendió que su persistencia vale la pena. La próxima vez que vayan al supermercado, trabajará mucho más duro para ser suficientemente desagradable como para que sus padres se rindan de nuevo y le compren helado.

Aprendemos a ser evitativos de la misma manera. Por ejemplo, si nos enfrentamos a una preocupación abrumadora, la evitamos pensando en otra cosa o distrayéndonos con una actividad. Como resultado, tal vez nos sintamos un poco mejor; la ansiedad disminuye, por lo que seguimos dependiendo de estas estrategias adquiridas a través del refuerzo negativo. Pero a veces esta evitación cognitiva resulta en menos angustia y otras no, así que otra vez respondemos a este refuerzo pensando en otra cosa o mediante la distracción, como si creyéramos que es sólo una cuestión de repetición antes de eliminar por completo la ansiedad y sentirnos mucho mejor.

En pocas palabras, cuando experimentamos de primera mano que la evitación reduce la ansiedad, se convierte en un hábito difícil de romper. Por contradictorio que parezca, la rutina de la evitación se vuelve más fuerte cuando no siempre funciona. Y ya que este patrón se fortalece, es probable que persistamos, incluso si somos conscientes de lo satisfactoria que sería la vida si sólo tuviéramos el valor de trabajar en la ansiedad.

TRES FORMAS DE EVITAR

Ya te pedí que escribas las formas en que la evitación crea problemas en tu vida. La mayoría tenemos algunas estrategias para reducir la ansiedad que se destacan porque las usamos a propósito y con frecuencia (seguro pensaste en ellas de inmediato). Pero la evitación puede ser tan sutil y difícil de notar que no siempre reconocemos algunas de las pequeñas cosas que hacemos para sobrellevar la situación. Conforme revisas las descripciones de los tres tipos de evitación, ve si puedes identificar patrones personales que no hayas considerado antes y los roles que desempeñan en tu vida.

Evitación cognitiva

Es común entender la evitación como un patrón conductual de distanciamiento de ciertas actividades o situaciones. Para muchos, los ejemplos incluyen evitar las tareas del hogar, los proyectos de trabajo o la confrontación. Pero la evitación también puede ser un proceso cognitivo. Por ejemplo, si es incómodo preocuparse, intentamos protegernos redirigiendo la atención a otra cosa. En el mejor de los casos, esta táctica de evitación proporciona un poco de alivio de corta duración; en el peor, nos muestra que estamos mal preparados para trabajar en nuestros pensamientos y destinados a sufrir de ansiedad.

Para algunos, el problema de la evitación cognitiva se entiende como una respuesta a fantasías ansiosas que no son claras y generalizadas. Pensamientos como "será terrible" o "voy a estar tan avergonzado" son desagradables, así que los afrontamos centrándonos en otras cosas. Ideas ambiguas como éstas crean dos problemas. Primero, son difíciles de tolerar, porque sugieren que los problemas que estamos a punto de enfrentar son numerosos y abrumadores. Segundo, nos impiden pensar de forma objetiva sobre nuestras experiencias. Piénsalo: ¿Cómo podemos evaluar si "eso" fue "terrible" o si nos sentimos "tan avergonzados" si no nos permitimos aclarar estas ideas?

Aunque para algunos las preocupaciones generalizadas contribuyen a evitarlas, otros se sienten abrumados cuando consideran un aspecto preocupante y muy específico de un evento próximo. Se aferran a una idea y les resulta difícil soltarla. Sin importar si el problema es muy grande, un obstáculo para el éxito o la consecuencia de un revés, la importancia percibida de ese detalle conduce a la obsesión y luego a la evitación.

Dos formas de evitación cognitiva

La evitación cognitiva suele tomar una de dos formas. Una: *saltar de un pensamiento a otro*. Esto implica pensar en un problema y luego, para reducir la ansiedad, cambiar de inmediato la atención a otro. Las personas que se quejan de inquietudes interminables y ansiedad generalizada a menudo pasan de una inquietud a otra de esta manera, en lugar de resolver una por una. Si te suena familiar, quizá parezca que trabajas muy duro para controlar tu mente, pero obtienes poco más que frustración por todos tus esfuerzos.

Un ejemplo de saltar de un pensamiento a otro con el que muchos nos identificamos es la angustia que acompaña a las vacaciones. Las preocupaciones sobre la incertidumbre global del viaje generan pensamientos como perder el vuelo si el filtro de seguridad demora demasiado, no llevar la ropa adecuada para un clima inesperado, un conflicto con un compañero de viaje, la seguridad de las mascotas en casa o los gastos de las vacaciones. A medida que pasamos de una preocupación a otra, nos preguntamos si vale la pena el viaje, sobre todo porque, a pesar de todos los saltos de pensamientos, ninguna de las preocupaciones se resuelve con éxito.

La otra forma de evitación cognitiva es la *distracción*. Esto implica mantener la mente ocupada con ideas o actividades que desvíen tu atención de los pensamientos angustiantes. Esperas que, al dirigir tu energía mental a otra parte, el problema parezca más manejable cuando lo retomes o, si tienes mucha suerte, tal vez desaparezca mágicamente. A veces incluso te convences de que estarás de mejor humor para enfrentar un problema más tarde, así que ¿por qué no concentrarte en algo seguro o agradable por ahora?

Un buen ejemplo de este estilo de "distracción como evitación" es al conducir un auto. Vas por ahí y de pronto notas que se prende la luz de "revisar el motor". Empiezas a preocuparte por el daño del motor, el tiempo que tomará el diagnóstico, las reparaciones y cuánto dinero costará. En lugar de detenerte de inmediato o llamar a tu mecánico, decides llamar a un amigo o subir el volumen del estéreo. Miras la luz de vez en cuando y piensas: "Tal vez se apague sola". Pasan un par de semanas y has repetido esta rutina más de una docena de veces. ¿Cómo crees que saldrán las cosas? Si alguna vez has sufrido un problema en el motor que pudo evitarse tomando medidas de inmediato, sabes qué importante es poner atención a las advertencias de tu automóvil. La cuestión es que, tanto para los coches como para las mentes, cuando intentas distraerte y fingir que el problema no existe, la mayor parte del tiempo el problema sólo empeorará.

Aunque destaco saltar de un pensamiento a otro y la distracción como ejemplos de evitación cognitiva, es importante reconocer que, a menudo, es innecesario abordar cada preocupación tal como se presenta. La angustia ocurre en momentos inconvenientes y las preocupaciones menores o inoportunas sobre cosas como lo que cenarás no deben priorizarse por encima de un examen que estás a punto de presentar o de mantenerte involucrado en una reunión con el maestro de tu hijo. Las angustias en momentos inoportunos pueden y deben apartarse mientras atiendes asuntos más urgentes.

Claro, es importante estar consciente de la evitación cognitiva y aprender a responder a ella resolviendo las preocupaciones, pero también es valioso permanecer cognitivamente flexible. Con regularidad se nos presentan oportunidades para decidir cómo asignar nuestros recursos cognitivos. A veces es aconsejable desviar tu atención de los pensamientos ansiosos a lo relevante en el momento. Éste no es un problema de evitación cognitiva. Por otro lado, si observas un *patrón* de saltar de un pensamiento a otro o distracción y los efectos de este patrón conducen a una ansiedad y disfunción duraderas, seguro es un intento de reducir la angustia. Ahí te ayudará responder con predicciones útiles, porque la evitación cognitiva te impide trabajar con éxito tanto en preocupaciones realistas como en fantasías ansiosas.

Tus ejemplos de evitación cognitiva

Enlista en tu cuaderno algunos pensamientos o situaciones en las que es difícil pensar, hasta el punto de evitar tus preocupaciones saltando de un pensamiento a otro o tratando de distraerte. ¿Para qué crees que sirve esto? ¿Cómo interfiere con tu funcionamiento? ¿Cuáles son tus alternativas? ¿Qué crees que pasaría si resolvieras una preocupación antes de pasar a la siguiente? ¿Qué crees que pasaría si abordaras preocupaciones importantes en el momento, en vez de dirigir tu atención a otra parte?

Evitación conductual

Por lo general el problema de la evitación conductual es más sencillo y notorio que el de la cognitiva. Por ejemplo, alguien que sufre ataques de pánico evita los aviones, las ferias, salones o cines por la posibilidad de experimentar una intensa oleada de miedo con consecuencias catastróficas. Una persona abrumada por la ansiedad social rechaza las invitaciones para interactuar con otros porque la posibilidad de ser juzgada como incómoda o socialmente inepta parece intolerable. En el caso de la ansiedad generalizada, algunas personas postergan proyectos en el hogar, empleo o escuela porque creen que la preocupación constante les impedirá hacer un buen trabajo. Y los que luchan con fobias o preocupaciones relacionadas con la ansiedad (como el trastorno de estrés postraumático o el trastorno obsesivo-compulsivo) evitan situaciones donde enfrentan desencadenantes de angustia emocional, recuerdos dolorosos, pensamientos intrusivos o reacciones de estrés.

Seguro conoces bien tus estilos de evitación conductual, pero quizá hay algunos patrones más sutiles que considerar (no tan obvios). La evitación conductual menos notoria implica dedicar demasiado tiempo a determinadas actividades y excluir otras igual de importantes pero difíciles, lentas, aburridas o molestas. He aquí un ejemplo:

Frank era un experimentado ingeniero de software que diseñó modelos de programación sofisticados muy apreciados en su campo. Estaba orgulloso de su ética laboral, a menudo dedicando de 12 a 14 horas al día a probar y resolver errores en proyectos complejos con miles de líneas de código. Los colegas, amigos y familiares de Frank estaban impresionados por su capacidad para concentrarse durante tanto tiempo y era conocido por su incansable compromiso con el trabajo. Pero Frank no juzgaba su trabajo igual que otros. En lugar de reconocer que cometer errores era una parte inevitable de la programación, dudaba de su capacidad, se preguntaba si era tan bueno en su trabajo como todos creían y si sería mejor laborar en un campo diferente, porque: "Tal vez no tengo lo que se necesita".

Debido a estas preocupaciones, Frank siguió dedicándose a su trabajo, con la esperanza de que el tiempo resolvería los problemas importantes. Evitaba pedir ayuda a colegas bien informados y no presentaba sus proyectos a los socios hasta que eran perfectos, lo que hacía que se quedara sin tiempo para preparar presentaciones para las reuniones mensuales. Frank mantuvo esta rutina durante años porque reforzó su compromiso con el trabajo duro. Pero a medida que aumentaban los contratiempos y seguía criticando su incapacidad para producir un trabajo de calidad de manera oportuna, se dio cuenta de que necesitaba cambiar su perspectiva y explorar algunas tácticas nuevas.

Pensó proactivamente en algunas estrategias que harían más manejables las tareas que le provocaban ansiedad. Comenzó a agendar tiempo (dos mañanas a la semana) para colaborar con colegas y trabajar en presentaciones. Decidió empezar sus días con estas actividades porque sabía que se concentraba mejor en ese momento, antes de desviarse por las inevitables interrupciones del día, y porque quería darse ese impulso que viene de abordar tareas que no eran tan fáciles para él. En vez de sólo centrarse en el aspecto de programación de su trabajo (lo que más le gustaba), preparó temas de conversación para sus reuniones y presentaciones, lo que aportó mayor claridad y dirección a su trabajo, así como un mayor respeto de sus colegas. Al abordar los patrones sutiles de evitación en los que se había involucrado antes, Frank ganó más confianza en su trabajo en general, toleró mejor la incomodidad y empezó a ignorar los contratiempos menores.

Cuando la ansiedad es un obstáculo importante, no es difícil reconocer tipos específicos de comportamientos o contextos que tendemos a evitar. Pero, como demuestra el ejemplo de Frank, la evitación conductual se disfraza cuando dedicamos gran cantidad de tiempo a actividades saludables, productivas o significativas mientras descuidamos otras tareas igual de importantes en nuestra vida.

Tus ejemplos de evitación conductual

En tu cuaderno, enlista situaciones o comportamientos importantes (que provocan ansiedad) que tiendes a evitar, ya sea haciendo otra cosa que disfrutas o valoras o saltándolos por completo. ¿Para qué crees que sirve esto? ¿Cómo interfiere con tu funcionamiento? ¿Cuáles son tus alternativas? ¿Qué crees que pasaría si priorizaras un comportamiento importante que a veces apartas para hacer otras cosas? ¿Qué crees que pasaría si trabajaras en la ansiedad para hacer lo que valoras de todos modos?

Evitación de sensaciones emocionales/físicas

Para muchos con ansiedad abrumadora, las sensaciones físicas y la angustia subjetiva que la acompañan son muy difíciles de tolerar. Los cambios que experimentamos en el cuerpo, cuando nos exponemos a una amenaza percibida, con facilidad se interpretan como señales de peligro, por eso tratamos de calmarnos cuando nos damos cuenta de que en realidad no estamos en riesgo. Todos reconocemos que es muy difícil controlar nuestras respuestas físicas, pero cuando aparecen intentamos esto o aquello porque esperamos que haya una solución. Y como algunas de nuestras estrategias para reducir la agitación interna a veces son efectivas, las usamos cuando hay oportunidad porque funcionan un poco.

Al saber qué difícil es controlar las respuestas físicas y lo desagradable que se siente, muchas personas desarrollan patrones de evitación de sensaciones emocionales y físicas, en especial si creen que los síntomas físicos conducirán a un ataque cardiaco, un colapso emocional o una vergüenza horrible. Si sabemos que una persona no tiene problemas médicos (y es importante que su médico realice un examen para determinar si sus respuestas físicas son consistentes con la ansiedad o si la ponen en riesgo de sufrir consecuencias médicas graves), las respuestas físicas de ansiedad (incómodas, molestas e indeseadas) no son peligrosas, por lo que evitarlas es... innecesario.

Es más fácil hacerlo en teoría que en la práctica, ¿verdad? Muchas personas no quieren que sus síntomas existan o persistan, por lo que buscan con desesperación formas de detenerlos, sin siquiera permitirse experimentar las consecuencias de permanecer ahí y trabajar en sus sensaciones. Por supuesto, el "cómo" y el "por qué" de este proceso no son sencillos, por lo que parece muy razonable hacer cualquier cosa para sentirte mejor o para prevenir esos cambios físicos "tan abrumadores". En los capítulos siguientes veremos algunas formas de responder útiles, pero menos intuitivas, así te sentirás más cómodo probando nuevas estrategias para que compruebes si lo que digo es cierto.

Por ahora me gustaría que pensaras en las cosas que haces para evitar los aspectos físicos y emocionales de la ansiedad. Algunas de las técnicas que empleas pueden promover bastante la salud en general, pero son menos útiles para controlar la ansiedad. Por ejemplo, el ejercicio es una excelente manera de manejar el estrés, promover la salud del corazón y mejorar la composición corporal; pero como táctica de control o prevención de la ansiedad, sus resultados son mixtos. Esto se debe a que no siempre es posible hacer ejercicio antes de un evento que provoque ansiedad, e incluso si lo haces no hay garantía de que la ansiedad desaparezca. El yoga, la alimentación saludable, la respiración controlada y la meditación son otros ejemplos de maravillosas rutinas para incorporar a tu vida diaria, pero a veces inconvenientes o ineficaces para prevenir la ansiedad.

Otras estrategias de evitación emocional y física están menos orientadas a sentirte bien o saludable y más a reducir los síntomas. Muchas personas recurren a la medicación y se benefician de ella, pero los inconvenientes incluyen efectos secundarios, dependencia a largo plazo, adherencia a la creencia de que las luchas de ansiedad son resultado de una enfermedad y confusión sobre cómo responder a los síntomas cuando la medicación no tiene el impacto deseado. Otros usan alcohol, marihuana u otras drogas recreativas para amortiguar las sensaciones emocionales y físicas no deseadas, lo que lleva a una dependencia de sustancias o las consecuencias destructivas del uso excesivo.

Tus ejemplos de evitación de sensaciones emocionales/físicas

Enumera en tu cuaderno las tácticas que usas para evitar la incomodidad emocional y física de la ansiedad. ¿Realizas actividades saludables pero que consumen tiempo o, a veces, no son prácticas? ¿Recurres a suplementos, medicamentos, alcohol o drogas recreativas? ¿Para qué crees que sirve esto? ¿Cómo interfiere con tu funcionamiento? ¿Cuáles son tus alternativas? ¿Qué crees que pasaría si entendieras que la ansiedad no es más que sensaciones y emociones, en lugar de una amenaza? ¿Qué pasaría si permitieras que existiera la ansiedad, la aceptaras o toleraras y siguieras haciendo lo que valoras de todos modos?

Identifica tus patrones de evitación

Al principio del capítulo te pedí que escribieras las formas en las que evitas desafíos importantes en tu vida, pero que provocan ansiedad. Después de revisar las descripciones de las formas de evitación cognitivas, conductuales y emocionales/físicas, ¿pudiste identificar algunas otras más sutiles para manejar la ansiedad? Si es así, resúmelas en tu cuaderno. También escribe las ideas que tengas sobre cómo reemplazar la evitación con otras respuestas que te ayuden a manejar la ansiedad de manera más efectiva.

¿CÓMO AYUDA ESTO? ¿QUÉ SIGUE?

Usar la evitación cuando anticipamos la ansiedad puede considerarse como un intento de priorizar la reducción de la ansiedad por encima de la respuesta racional, la resolución de problemas, la aceptación y la acción valorada. Los patrones de evitación están influenciados en parte por la personalidad, pero también se aprenden a través de la experiencia. A veces la evitación se refuerza por la disminución de la ansiedad, por eso es tan fácil confiar en tácticas que aumentan la distancia entre nosotros y nuestros pensamientos, comportamientos, sensaciones y emociones difíciles.

Como la ansiedad es tan notoria y tan incompatible con nuestro estado relajado preferido, parece que reducir o prevenir la ansiedad debería ser el primer paso en el camino hacia el manejo de la ansiedad. Pero recuerda esto: parte de enseñarle a tu ansiedad quién manda implica aprender a aceptar que la ansiedad es natural y, a veces, útil, pero que, incluso cuando no es deseada y nos distrae, podemos seguir con nuestra vida mientras la ansiedad existe de fondo.

En el próximo capítulo pensaremos en cómo "hacerlo de todos modos" cuando tengamos la necesidad de evitar algo importante. Exploraremos cómo empezar este proceso, afrontar los contratiempos y ver de primera mano, a través de experimentos conductuales y tareas de exposición, cómo hacer frente a la ansiedad.

Resumen del capítulo: PUNTOS CLAVE

✓ La evitación es una respuesta normal, pero no siempre útil, a la ansiedad que usamos para prevenir los desafíos causados por la angustia emocional.

✓ Estamos en riesgo de depender de la evitación cuando nos comparamos con los demás y creemos que nuestras luchas con la ansiedad son más graves y que la evitación es nuestra mejor o única opción para manejar la ansiedad.

✓ Los rasgos de personalidad, como la reactividad emocional, ponen a algunos en riesgo de patrones de evitación, pero también se pueden aprender.

✓ Aprendemos la evitación a través del refuerzo negativo. El alivio temporal que obtenemos de no confrontar pensamientos o situaciones perturbadoras lleva a un aumento en la evitación.

✓ Los patrones de evitación se refuerzan aún más con un refuerzo parcial o inconsistente.

¿Cómo evitas?

✓ La evitación cognitiva ocurre cuando nuestros pensamientos son generalizados y vagos, o si son abrumadores (porque se relacionan con un aspecto preocupante y muy específico de un desafío próximo).

✓ La evitación cognitiva incluye saltar de un pensamiento a otro, y la distracción, respuestas que nos impiden trabajar en las preocupaciones para resolverlas.

✓ Los patrones de evitación conductual son fáciles de identificar, pero pueden ser sutiles, en especial cuando invertimos tiempo y esfuerzo en actividades positivas para evitar tareas importantes que provocan ansiedad.

✓ Las tácticas de evitación para sensaciones emocionales y físicas parecen atractivas, porque sentirte tranquilo facilita asumir desafíos cognitivos o conductuales. Pero incluyen inconveniencia, efectividad inconsistente y dependencia.

8

Mantra de ansiedad: hazlo de todos modos

Siempre que pienses en un desafío que te provoque ansiedad y la posibilidad de un revés tendrás que elegir entre evitar el desafío por completo o hacerlo de todos modos. Por desgracia, en esos momentos el alivio emocional a corto plazo que genera la evitación parece más atractivo que las recompensas a largo plazo de trabajar en la ansiedad para participar en un comportamiento que valoras. A pesar de la "abrumadora" necesidad de evitar lo que te pone ansioso, una de las claves para el manejo de la ansiedad a largo plazo es tomar decisiones en tus términos, no en los de la ansiedad. El mantra "hazlo de todos modos" te ayudará a recordar que debes tomar decisiones de comportamiento que prioricen el placer, los logros, el crecimiento o el control personal sobre la evitación, incluso cuando la ansiedad parezca interponerse en tu camino.

Por muy buena que parezca esta idea, cuando los obstáculos para el éxito parecen abrumadores es difícil no elegir la evitación. Aquí es importante pensar en los tipos de obstáculos que interfieren por lo regular. Si imaginas que estás haciendo algo importante, pero te genera ansiedad y descubres que respondes "sí, pero…" y "¿qué tal que…?", pregúntate si los obstáculos son prácticos o emocionales. Si son prácticos, es aconsejable preparar algunas respuestas cognitivas y conductuales para problemas de alta probabilidad o alto impacto, tal como lo hiciste en la primera sección de este libro. Si son emocionales y estás preocupado por la incertidumbre o tu capacidad para soportar la ansiedad, a menudo experimentarás mayor satisfacción si aceptas el riesgo y actúas de todos modos. Aunque casi todos reconocemos la razón de tal cambio, la cuestión de "cómo" hacer que suceda es menos sencilla.

Este capítulo te ayudará a desarrollar un plan para trabajar en la ansiedad y "hacerlo de todos modos". Verás cómo priorizar el comportamiento que valoras por encima del manejo de la ansiedad te ayudará a implementar tres formas de pensar en ésta, en tu capacidad para afrontar la situación y aprovecharás estas ideas para contrarrestar los deseos de evitación (para que sigas avanzando hacia tus objetivos).

Después empezarás a planear. Te prepararás para los obstáculos emocionales identificando los síntomas de la ansiedad que te ponen a prueba, así podrás trabajar en ella y responder con aceptación en lugar de evitación. Para ayudarte a actuar, pensarás en los primeros pasos que darás para prepararte para el éxito. Y conforme desarrolles más confianza para enfrentar la ansiedad, te retarás de forma creativa provocando la incertidumbre, en vez de sólo tolerarla.

Al final lo juntarás todo creando tus experimentos conductuales para probar fantasías ansiosas y ver qué pasa cuando trabajas en tu ansiedad y "lo haces de todos modos". Comencemos con algunos ejercicios para aclarar tus objetivos y mejorar tu disposición al cambio.

¿QUÉ QUIERES "HACER DE TODOS MODOS"?

Reflexiona en los comportamientos que evitas por ansiedad. Si te sirve, piensa en algo así: "¿Qué haría si la ansiedad ya no fuera un obstáculo en mi vida?". Claro, el desafío es que cuando empieces a cambiar, te sentirás ansioso, al menos al principio. También es probable que a medida que adquieras experiencia con comportamientos nuevos o desafiantes, la cantidad de ansiedad que sientas variará y será impredecible. Te digo esto para recordarte que, en lugar de intentar vencer la ansiedad, es más realista y útil pensar en cambiar tu relación con ella.

Al seleccionar los comportamientos que valoras, sé lo más específico posible. Por ejemplo, imagina que manejar te provoca ansiedad, pero te gustaría hacerlo en tus términos, con tus condiciones. Al considerar las tareas que más te desafían de esa actividad, puedes decidir que te gustaría practicar el conducir en un área específica, durante un tiempo determinado, en un momento designado, solo en vez de acompañado, etcétera. De manera similar, si ir al gimnasio te provoca ansiedad, pero quieres hacer ejercicio con regularidad, puedes trabajar gradualmente para ir cuando haya mucha gente, continuar con el ejercicio a pesar de la incomodidad de sudar y asistir a una clase en grupo que nunca hayas tomado.

Incluso si tu evitación relacionada con la ansiedad es más cognitiva (es decir, te angustias mucho, pero te resulta difícil identificar los comportamientos que evitas), seguro hay algunas tareas o actividades que te gustaría priorizar. Por ejemplo, si preocuparte en el trabajo, en clase, con amigos o mientras intentas dormir te lleva a tomar descansos frecuentes, garabatear en tu cuaderno, revisar tu teléfono sin cesar o tratar de resolver inquietudes en la cama, entonces los comportamientos de reemplazo que elijas para "hacerlo de todos modos" podrían ser: trabajar durante un periodo de tiempo designado antes de un descanso, tomar notas de la clase, escuchar de manera activa y redirigir la atención de tus preocupaciones a la respiración para relajarte.

Considera los ejemplos anteriores y escribe en tu cuaderno los comportamientos nuevos o desafiantes que quieres priorizar. Trata de identificar varios, unos que no sean demasiado difíciles, riesgosos o que provoquen ansiedad, y otros que te presentarían un desafío mayor. Selecciona una o dos actividades de dificultad baja a moderada: si hicieras estos cambios constantemente, ¿cómo cambiaría tu vida? ¿Cuáles son los obstáculos? ¿Qué podrías hacer para empezar?

MOTIVARSE

El cambio no es fácil. Por mucho que te guste la idea de superar la ansiedad para hacer lo que valoras, tendrás el conflicto sobre si probar algo nuevo o seguir con lo que ya conoces. Si no estás seguro de comprometerte a "hacerlo de todos modos", es bueno ser objetivo y explorar las consecuencias, tanto buenas como malas, de tus dos opciones: "¿Debo priorizar el comportamiento valorado y encontrar nuevas formas de relacionarme con la ansiedad? o ¿sería mejor confiar en las conductas de seguridad y evitación para controlar la ansiedad?". Abajo hay dos ejercicios que te ayudarán en este proceso de toma de decisiones.

Pros y contras del cambio

Una buena forma de resolver la ambivalencia sobre el cambio es enumerar los pros y contras de tus opciones antes de decidir qué hacer. Cuando revisas una lista escrita de razones a favor y en contra del cambio es más fácil tomar una decisión objetiva e informada sobre cómo proceder. Aunque es tentador hacerlo en la mente, realiza este ejercicio por escrito para ser minucioso, organizado y minimizar problemas como saltar de un pensamiento a otro o quedarte atascado en una idea más preocupante.

Escribe en tu cuaderno una decisión de comportamiento difícil de tomar en la actualidad o con frecuencia debido a la ansiedad. Hazte las siguientes preguntas y anota tus respuestas. Date tu tiempo con este proceso, al menos 10 minutos. Sé lo más específico y exhaustivo posible.

- ¿Cuáles son los beneficios de hacer lo que valoras, incluso si la incertidumbre y la ansiedad lo acompañan?
- ¿Cuáles son los inconvenientes y limitaciones de realizar este cambio?
- ¿Cuáles son los beneficios de la evitación?
- ¿Cuáles son los inconvenientes o limitaciones de la evitación?

Revisa con cuidado lo que escribiste. Mientras lees los pros y contras de hacer un cambio o permanecer igual, ¿a qué conclusiones llegas? ¿Qué crees que deberías hacer? Si decides hacer un cambio, pero te preocupan los obstáculos, inconvenientes o limitaciones, considera qué podrías hacer para facilitar el proceso. Escribe una o dos respuestas útiles para cada obstáculo práctico y emocional que identificaste. ¿Qué te gustaría hacer ahora?

QHEYDF (¿Qué Haría El Yo Del Futuro?)

Otro buen ejercicio para decidir si dejar que los valores guíen el comportamiento es pensar en ti en el futuro (la semana que viene, el mes próximo, incluso el año siguiente) y preguntarte qué elección te diría el "yo del futuro". Responde estas preguntas en tu cuaderno:

- Si el "yo del futuro" (una semana/mes/año a partir de ahora) reflexionara en la decisión que tomo sobre evitar un desafío o "hacerlo de todos modos", ¿qué opción valoraría más mi yo del futuro? ¿De qué forma mi vida sería diferente si tomo esta decisión ahora?
- ¿Qué consejo me daría hoy el "yo del futuro" sobre cómo resolver problemas prácticos y trabajar en la ansiedad para hacer lo que valoro?
- ¿Qué decisión me gustaría tomar?

MÁS ALLÁ DE LOS VALORES: APRENDER TRES COSAS NUEVAS

Tras considerar el impacto positivo del cambio en la satisfacción con la vida y el control personal, quizá te sientas más inspirado para actuar. Mereces crédito por ser suficientemente valiente como para explorar nuevas formas de relacionarte con la ansiedad... y espero que recuerdes ser paciente y alentador contigo al dar estos pasos.

Antes de sumergirnos en las estrategias que te ayudarán a realizar cambios significativos en tu comportamiento, es importante enfatizar las consecuencias cognitivas del cambio. Por mucho que yo quiera que experimentes la satisfacción personal que viene con responder a los deseos de evitación con acciones significativas, es igual de importante que, al cambiar tu comportamiento, explores, desafíes y modifiques tus creencias sobre la naturaleza de la ansiedad y tu capacidad de manejarla. Dar pasos audaces para hacer lo que valoras, incluso cuando estás ansioso, promueve un nuevo aprendizaje, no a través de la información compartida por mí o por otra persona, sino a través de tu experiencia. Cuanto más "lo hagas de todos modos", más evidencia de comportamiento adquirirás para respaldar tres nuevas creencias muy útiles para el manejo de la ansiedad de por vida.

Por lo general, la ansiedad disminuye por sí sola

La primera creencia es que *la ansiedad disminuye por sí sola*, incluso si no haces nada para tratar de controlarla. Quizá esto te queda claro cuando reflexionas en tu historia personal de desafíos que provocan ansiedad, pero que son inevitables. Por ejemplo, ¿alguna vez notaste una ansiedad intensa cuando empezaste una actividad y descubriste que, con el tiempo, disminuyó y te sentiste mucho más relajado? Quizá fue un evento social, un vuelo largo, una cita con el médico o un proyecto gigante con una fecha límite. En situaciones como éstas, a menudo la ansiedad aumenta de inmediato, lo que lleva a la necesidad de escapar; pero si aguantamos, con el tiempo disminuye, incluso desaparece. Esta respuesta se debe a la incapacidad del cuerpo para mantener la mayor agitación que viene con la percepción de amenaza. Quizá parezca que la ansiedad "durará para siempre", pero si nos damos la oportunidad de esperar a que pase, por lo general disminuye bastante en 30 o 60 minutos.

Si eres escéptico… es comprensible. Algunas personas informan que su ansiedad no disminuye. Una explicación común es

el uso frecuente de conductas de seguridad para reducir la incomodidad de la ansiedad. Imagina que miras tu teléfono cada vez
que la ansiedad social se siente demasiado intensa en un evento
de *networking* empresarial. A pesar de lo que parece un descanso
bienvenido, este comportamiento interrumpe el proceso de permitir que la ansiedad alcance su punto máximo y disminuya de
forma natural en una situación que de verdad te desafía. Claro,
seguro sientes un poco de alivio temporal al ver tu celular, pero
los nuevos desafíos sociales y la ansiedad que los acompañan
aparecen cada vez que regresas a la realidad del evento.

Otra conducta de seguridad que interfiere con la disminución
natural de la ansiedad es dejar una situación difícil cuando la
ansiedad parece intolerable. Por ejemplo, alguien que se siente
ansioso en un cine cerrado sale a caminar, tomar aire o buscar
las salidas de emergencia. Aunque elecciones como éstas parecen
útiles para reagruparte y sentirte más relajado en el momento, te
impiden aprender si la ansiedad disminuirá por sí sola.

La ansiedad es tolerable

La segunda cosa que aprenderás cuando "lo hagas de todos modos" es que *la ansiedad es tolerable*. Por muy incómoda que sea y
por mucho que intentes distraerte de lo que preferirías hacer, no es
más que una colección inofensiva de sensaciones, pensamientos,
sentimientos y deseos. Pero no quiero que confíes en mi palabra.
La única forma de saber con certeza si la ansiedad de verdad es
peligrosa o sólo un inconveniente… es comprobarlo a través de la
experiencia directa. Cuanto más "lo hagas de todos modos", más
oportunidades tendrás de saber si esto es cierto.

La incertidumbre es tolerable

La tercera cosa que aprenderás cuando "lo hagas de todos modos" es que *la incertidumbre es tolerable*. Tu disposición a correr riesgos y hacer lo que valoras viene con la desafortunada compensación de no poder controlar o predecir todo lo que sucede. Me encantaría poder decir que no sucederán cosas malas, que tu ansiedad no aumentará o que una sorpresa desagradable no te dejará en un bucle; pero, para ser realistas, lo mejor que podemos esperar es un equilibrio razonable entre la preparación y la aceptación de la incertidumbre. Cuando te comprometes a hacer lo más importante, a pesar de la presencia de incertidumbre, podrás juzgar por ti mismo si la incertidumbre es tolerable.

En resumen, responder a los deseos de evitación con un comportamiento valorado no eliminará la ansiedad, no te demostrará que tus miedos son exagerados ni que las cosas funcionan bien. La realidad: cuando corres riesgos, puedes sentirte ansioso y experimentar contratiempos. Aceptar esto es parte de pensar en las formas realistas y útiles que trabajamos en la primera sección de este libro. Entonces, para recapitular, ¿qué sucede cuando "lo haces de todos modos"? Aprendes que, mientras te involucras en el comportamiento que valoras:

• Por lo general la ansiedad disminuye por sí sola.
• La ansiedad es tolerable.
• La incertidumbre es tolerable.

Equipados con este conocimiento, hagamos un plan para "hacerlo de todos modos" que incluya varios elementos: aceptar y trabajar en la ansiedad, dar pasos graduales hacia tus metas a largo plazo, provocar la incertidumbre y probar tus fantasías ansiosas a través de experimentos conductuales.

ACEPTAR Y TRABAJAR EN TU ANSIEDAD

"Trabajar en" implica seguir haciendo lo que valoras, incluso cuando la ansiedad está presente o es intensa. Claro, la parte más difícil no es el comportamiento en sí, sino saber cómo responder a la ansiedad. Una forma simple (en teoría), pero desafiante (en la práctica) de responder de manera efectiva es identificar y aceptar sin juzgar cualquier síntoma de ansiedad, luego responder a los deseos de evitación interrumpiendo las conductas de seguridad y redirigiendo de nuevo al comportamiento que valoras.

Para prepararte empieza por identificar los síntomas de ansiedad que más te ponen a prueba, para planear responder con aceptación cuando los notes. Una buena forma de identificar esos síntomas es volver a la lista de comportamientos valorados que redactaste (en la sección ¿Qué quieres "hacer de todos modos"? de este capítulo) y luego escribir cómo experimentas la ansiedad cuando consideras o intentas hacer estas cosas. Acomoda tus síntomas en alguna de estas cuatro categorías:

> **Sensaciones físicas:** las reacciones de tu cuerpo a la ansiedad que, por lo general, implican agitación o tensión (los ejemplos incluyen aumento de la frecuencia cardiaca, músculos contraídos, dientes apretados, sudoración, dolores de cabeza y temblores).

Pensamientos: las predicciones que haces, incluyendo fantasías ansiosas, sobre la probabilidad o el impacto de un revés inminente o tu incapacidad para afrontarlo, pensamientos acelerados, saltar de un pensamiento a otro y distracción cognitiva.

Etiquetas de sentimientos: lo que llamarías tu experiencia interna, por lo general con una sola palabra (los ejemplos incluyen ansioso, temeroso, nervioso, aterrorizado, aprensivo, preocupado, abrumado, asustado o estresado).

Deseos: lo que quieres hacer (conductas de seguridad centradas en las emociones) para controlar la ansiedad o no hacer (evitación) para prevenirla.

Sabiendo que estos elementos de ansiedad seguro aparecerán cuando "lo hagas de todos modos", planea responder con una actitud de aceptación básica. Aquí es útil escribir dos o tres declaraciones breves de diálogo interno que te ayudarán a permanecer objetivo y paciente contigo en situaciones emocionalmente desafiantes. Las declaraciones de diálogo interno también pueden enfatizar las experiencias internas que te hacen reconocer la ansiedad, las conductas de seguridad que interrumpirás y el comportamiento valioso que pretendes priorizar en esos momentos.

Tarjetas de afrontamiento

Si crees que quieras volver a estas ideas cuando te encuentres en situaciones que prueben tu capacidad para superar la ansiedad, escríbelas en una tarjeta y llévala contigo o tómale una foto para guardarla en el teléfono. A continuación se muestran algunos ejemplos de declaraciones de diálogo interno que te ayudarán a pensar en tus ideas.

- "Éstos sólo son [pensamientos/sentimientos/deseos/sensaciones]. Son una distracción, pero son inofensivos y tolerables. Puedo aceptar que existen y redirigir mi atención a lo que prefiero hacer."
- "Por mucho que quiera [enlista o menciona las conductas de seguridad que siempre usas], sólo ayudará un poco o nada. Hacer [comportamiento valorado] sin [conducta de seguridad] me ayuda a aprender que puedo hacer lo que me importa sin gastar tiempo y esfuerzo en el manejo de la ansiedad."
- "No tengo que ser perfecto. Lo importante es seguir haciendo lo que quiero y dejar que la ansiedad exista en segundo plano. Si me distraigo con la ansiedad y siento la necesidad de combatirla, puedo aceptarla y volver a concentrarme en cosas más importantes."
- "Ésta es una gran prueba de mi capacidad para tolerar la ansiedad y la incertidumbre, incluso si no hago nada para tratar de sentirme mejor. ¡Reto aceptado!"

DA EL PRIMER PASO

Participar en un comportamiento valorado es difícil cuando las actividades parecen complejas o abrumadoras. En lugar de concentrarte en la totalidad de una tarea (gran proyecto, asignación escolar, compra de una casa) o la constancia a largo plazo de una rutina (ejercicio, asistir a clases, hacer la tarea con regularidad), es útil considerar el primer paso que debes dar para poner las ruedas en movimiento y luego sólo comprometerte con eso.

Muchos luchamos cuando intentamos cambiar el comportamiento porque no tenemos claros nuestros objetivos o somos demasiado ambiciosos. Por ejemplo, si decidimos "conocer gente nueva" o "hacer mi trabajo", pasamos por alto lo exigente que será hacer el cambio (lo cual lleva a la frustración cuando las cosas no van bien) o la ambigüedad que hace que empezar parezca imposible.

Aunque es útil enumerar todos los comportamientos que te gustaría hacer y ordenarlos por importancia o grado de desafío, por ahora sólo concéntrate en un comportamiento, proceso o actividad que te provoque ansiedad, luego piensa en el primer paso significativo que puedes dar para avanzar hacia tu meta. Después, si crees que todavía es demasiado difícil dar el paso, empieza con algo pequeño. El siguiente cuadro muestra ejemplos de áreas de comportamientos que provocan ansiedad y parecen abrumadores, seguidos de ideas sobre los primeros pasos para facilitar el inicio del proceso.

Dominio de lo que provoca ansiedad	Primer(os) paso(s)
Buscar empleo	• Actualiza tu currículum. • Busca en internet bolsas de trabajo en tu campo. • Chatea con un amigo que trabaja en una empresa que te gusta. • Compra ropa para entrevistas.
Exámenes médicos	• Llama al consultorio del médico para programar una cita. • Escribe qué preguntarás. • Busca el horario de atención en línea. • Prepara una bolsa con cosas para hacer mientras esperas.

Dominio de lo que provoca ansiedad	Primer(os) paso(s)
Conversaciones difíciles	• Programa una hora para hablar. • Anota los temas de conversación. • Identifica tu frase inicial.
Primer día de escuela	• Imprime el horario de clases. • Revisar un mapa de edificios y aulas. • Mete los cuadernos y bolígrafos en la mochila o bolsa. • Compra libros de texto. • Envía un correo electrónico con solicitudes especiales a tu instructor o maestro.
Socializar	• Llama a alguien que conozcas bien. • Planea una actividad de bajo riesgo (senderismo, reunión para tomar un café, estudiar). • Únete a un grupo, club u organización. • Asiste a una reunión o evento. • Pregunta sobre una situación compartida. • Lee un libro sobre charlas casuales.
Proyecto de trabajo	• Programa bloques de tiempo en un calendario. • Organiza tu espacio de trabajo. • Recopila investigación. • Planea reuniones con compañeros de trabajo.

PROVOCAR LA INCERTIDUMBRE

Negarnos a aceptar la incertidumbre requiere que dediquemos energía y tiempo a prepararnos para cada posible desafío que pueda surgir. Si pudieras lograr esto, piensa en qué fáciles serían las cosas. Nunca tendrías que preocuparte por los riesgos que conllevan tus decisiones porque sabrías con exactitud cuándo y cómo abordar las inquietudes de efectividad, emociones difíciles, desafíos inesperados, reacciones de los demás y tu capacidad de afrontamiento. Si luchas contra la ansiedad, la perspectiva de un mundo como ése parece tan atractiva que dedicas más tiempo a pensar en las posibilidades del futuro que en el comportamiento que valoras. Por muy atractivas que parezcan esas condiciones, nunca seremos capaces de satisfacer por completo una demanda de certeza. Y cuanto más nos aferramos a la idea de que tal vez haya una manera de establecer una certeza total, más probabilidades hay de evitar correr riesgos significativos.

Una manera de responder a esta realidad frustrante es cambiar tu relación con la incertidumbre. La forma más importante de hacerlo es aceptando que es inevitable. En mi experiencia, para la gente esta idea tiene sentido de manera lógica, pero no experiencial. Con eso quiero decir que, por mucho que podamos decir con desdén "por supuesto que sé que no se puede eliminar la incertidumbre", nuestra disposición a revisar ciertas respuestas cognitivas y conductuales (preocupación, planeación interminable, evitación) sugiere que no lo creemos de verdad, incluso esperamos que, de alguna manera, se demuestre que la idea de la incertidumbre inevitable es incorrecta.

Por eso, para el manejo de la ansiedad a largo plazo, es importante ir más allá de sólo aceptar la idea de incertidumbre, más bien comprométete a demostrar que estás listo para descubrir si es tolerable. A medida que empieces a asumir más riesgos de comportamiento para ver si vivir con incertidumbre es preferible a evitarla, avanzarás en provocar la incertidumbre, creando situaciones a propósito en las que los resultados son más impredecibles de lo que serían normalmente. El beneficio de esto es que, al crear oportunidades más frecuentes o desafiantes para experimentarla, te brindas oportunidades para explorar los límites de lo tolerable.

Una forma de provocar la incertidumbre es limitar la cantidad de investigación y planeación que haces antes de encontrarte con una situación nueva o difícil. Un atleta profesional que conozco se ponía ansioso por comer alimentos que él no había preparado, así que empezó a evitar restaurantes y eventos sociales donde no lo dejaban llevar sus alimentos. Al reconocer las limitaciones sociales de este comportamiento, comenzó a desafiarse para ir a restaurantes con amigos, entendiendo que, por mucho que le desagradara la idea, tendría que aceptar cierto desconocimiento de la comida que le servían. Al principio pedía a los meseros que enumeraran los ingredientes de las opciones del menú, lo cual seguía teniendo un elemento de incertidumbre porque no podía asegurar que fueran precisos o verdaderos. Después empezó a probarse ordenando lo que quisiera, pero sin pedir los ingredientes. Con el tiempo llegó a un punto donde pidió a sus amigos que ordenaran por él y estuvo dispuesto a vivir con la sorpresa. Aunque sigue atorado con algunos alimentos que no le gustan, aprendió que lidiar con la incertidumbre era mucho más manejable de lo que creía.

Otra forma de provocar la incertidumbre es ser imperfecto a propósito. A una profesora que conozco le preocupaba enviar correos electrónicos con errores a otros profesores, pasaba tanto tiempo revisando sus correos que se le acababa el tiempo para hacer otro trabajo. Aunque sus colegas enviaban correos electrónicos con errores involuntarios y ella no los juzgaba con dureza por eso, seguía preocupándose por las reacciones que obtendría de otros profesores si cometía un error. Al reconocer que revisar en exceso sus correos electrónicos era una conducta de seguridad, decidió incluir errores tipográficos a propósito. Al principio sólo lo hizo con sus amigos y, luego, con miembros de la facultad más críticos, para ver si podía vivir con la angustia de no saber si los demás cuestionaban su inteligencia o la ridiculizaban. Al final estuvo dispuesta a dejar de lado su compromiso con la perfección a cambio de la conveniencia, y la incertidumbre que antes era tan preocupante ya le importaba poco.

EXPERIMENTOS CONDUCTUALES

Algunas fantasías ansiosas (las más complicadas y molestas) parecen tan significativas y aterradoras que ninguna cantidad de trabajo cognitivo nos convencerá de que no estamos en peligro. A pesar de nuestros esfuerzos por pensar de manera realista y útil, hay algo en el fondo que nos dice: "No olvides que todo está a punto de desmoronarse y no podrás manejarlo".

Aquí resultan útiles los experimentos conductuales. Se trata de oportunidades planeadas para probar, de primera mano, si de verdad ocurrirán los contratiempos que esperamos al aceptar un desafío importante. En vez de intentar convencerte de aceptar una nueva forma de pensar antes de actuar, con los experimentos conductuales sales al mundo y compruebas si el desafío que siempre evitas es tan malo como crees o más manejable de lo que anticipaste y vale la pena el riesgo.

Para darte una idea de cómo funciona un experimento conductual, considera el ejemplo de Jerry, quien una vez quedó atrapado en un elevador durante una hora y luego experimentaba ansiedad intensa cada vez que intentaba tomar uno. A pesar de trabajar en el séptimo piso de un edificio de oficinas, Jerry siempre llegaba temprano y usaba las escaleras, una conducta de seguridad que adquirió para evitar la ansiedad y la vergüenza que sentiría si sus compañeros notaban su malestar. Jerry se decía que el riesgo de quedar atrapado otra vez era muy bajo, pero no podía superar la incertidumbre, así que siguió subiendo las escaleras. Tras un año de evitar los ascensores, predijo que si entraba en un elevador su ansiedad sería demasiado intensa para tolerarla y tendría que salir de inmediato. También anticipó que, si salía del ascensor, otros se reirían de él o pensarían cosas malas.

Tras concluir que tomar un elevador importaba lo suficiente como para hacer un cambio, Jerry decidió idear un plan para superar su ansiedad y "hacerlo de todos modos". Estaba dispuesto a entrar en el ascensor y salir de inmediato, lo que consideraba un primer paso razonable y desafiante. Jerry utilizó un experimento conductual para probar sus predicciones. Creía que la ansiedad y no saber lo que los demás pensaban de él sería intolerable. Después de un poco de planeación, en la mañana de un martes ajetreado, entró al elevador y salió de inmediato. Se sorprendió al descubrir que la ansiedad y la incertidumbre eran más tolerables de lo que esperaba y pudo ignorar a un pasajero molesto que comentó su aparente indecisión. Como resultado de su nuevo aprendizaje, Jerry siguió haciendo experimentos conductuales más desafiantes para probar sus preocupaciones específicas sobre el ascensor. Al final llegó a la conclusión de que podía superar el desafío emocional de usar elevadores y estaba orgulloso de sí por tomar el ascensor hacia y desde su oficina cuando quería.

Obvio, lo complicado de los experimentos conductuales es que, para hacerlos, debes estar dispuesto a correr el riesgo y descubrir si pasa algo malo cuando te pongas en situaciones que te desafíen más. Esto requiere valentía porque *podría* pasar algo malo. Es comprensible que muchas personas se preocupen por los riesgos que conllevan los experimentos conductuales. Estamos de acuerdo en que la experiencia de primera mano sería útil para refutar fantasías ansiosas, pero nos preocupa que el riesgo corrido nos lleve a un resultado horriblemente desagradable, hasta el punto de nunca volver a intentarlo.

Para resolver esto, encuentra algo aceptable entre desafío y riesgo. Así como le hiciste en la sección anterior (comenzar con un paso manejable en tu camino hacia el logro de los objetivos de comportamiento), aquí empezarás a participar en una actividad de bajo riesgo que aún es desafiante, pero, en caso de que haya un revés, plantea daño mínimo. Claro, esto requiere planeación. El siguiente ejemplo te dará una idea de cómo planear tus experimentos conductuales:

Por mucho que quisiera hacer nuevos amigos, Kara experimentaba una intensa ansiedad social cada vez que trataba de entablar conversaciones con personas que no conocía bien. Esto no era un problema con los amigos de toda la vida, pero ahora todos vivían en otras ciudades y era hora de entablar nuevas relaciones. Kara se cansó de seguir sufriendo por los compañeros de trabajo dos años después de aceptar su empleo actual en una empresa de *marketing*. Creía que era socialmente ineficaz debido a su ansiedad y que, si lograba relajarse, podría salir de su caparazón y conectarse con gente nueva.

En el pasado, Kara se esforzaba para hablar con extraños cuando estaba fuera de casa, pero no podía dejar de concentrarse en su incomodidad. Decidió que era una causa perdida y que nunca superaría su ansiedad social.

Kara y yo discutimos qué haría si, en un mundo ideal, la ansiedad no fuera un problema. Una de las cosas que más deseaba era salir a cenar con grupos de amigos, pero en su mente esto parecía imposible. Estuvimos de acuerdo en que, si existía alguna posibilidad de que esto sucediera, sería importante para ella conocer gente nueva o ampliar las relaciones con conocidos, y luego avanzar de forma gradual hacia la planeación de actividades con ellos. Juntos pensamos en los pasos iniciales que podría tomar, como hacer contacto visual, sonreír, saludar a los vecinos y llevar café o golosinas al trabajo para compartir con otros en la oficina, todo lo cual le pareció manejable. Cuando hablamos de estos objetivos se sintió avergonzada porque "nadie" más se pone tan ansioso y ella "debería" poder afrontar mejor las situaciones. Pero quería mejorar su capacidad para superar la ansiedad social, por lo que planeamos algunas actividades para la semana.

Aunque Kara predijo que la gente de su vecindario pensaría que era una "bicho raro" por hacer contacto no solicitado y que se sentiría incómoda al hacerlo, estaba dispuesta a practicarlo con cada persona que encontrara en sus caminatas matutinas de 10 minutos con su perro. Incluso si la juzgaban, razonó: "Caminaré en la otra dirección, así no tendré que soportar la incomodidad por más de un par de segundos". A Kara también le gustó la idea de llevar galletas caseras al trabajo, porque le encantaba hornear y quería que sus compañeros de trabajo supieran eso sobre ella. Y aunque, con éxito, dio el paso de bajo riesgo de poner una bandeja de galletas en la sala de descanso (con una nota que animaba a todos a tomar una), le preocupaba que sus colegas pensaran que estaba "desesperada por tener amigos".

Cuando le pregunté a Kara sobre los resultados de sus experimentos conductuales, dijo que las cosas salieron mucho mejor de lo que imaginaba. Aunque se sentía "un poco ridícula" al iniciar pequeñas interacciones con personas que no conocía, cuanto más lo hacía, más fácil se volvía. Admitió que el juicio sobre su rutina matutina rápido pasó de "una tarea abrumadora" a "un desafío divertido", en especial porque la mayoría de sus vecinos disfrutaba de sus saludos. De hecho, uno la detuvo a la siguiente vez que se encontraron y planearon tomar un café otro día.

Las fantasías ansiosas de Kara también fueron refutadas en el trabajo. Dos de sus compañeros se detuvieron junto a su escritorio para agradecerle las galletas y pedirle la receta. Charlaron un poco sobre una panadería local que todos disfrutaban y, a pesar de sentirte algo ansiosa durante la conversación, Kara valoró su interés compartido y vislumbró la esperanza de conocerlos mejor en el futuro.

Un punto importante sobre los resultados de estos experimentos conductuales es que, aunque le dieron a Kara pruebas para cuestionar sus fantasías ansiosas, sus experiencias no fueron perfectas. Todavía se sentía ansiosa, inquieta y preocupada de que otros la ridiculizaran o la juzgaran necesitada. A pesar de sus preocupaciones persistentes, Kara aprendió que puede dejar que sus valores la guíen incluso cuando está luchando con fantasías ansiosas, que la satisfacción de una acción valorada supera la incomodidad de la ansiedad, que la ansiedad es tolerable y que la incertidumbre que conlleva asumir un riesgo también es tolerable.

Señalo estos puntos para enfatizar que, no importa lo bien que vayan las cosas en tus experimentos conductuales, es normal que las experiencias sean imperfectas. Recuerda, el proceso consiste en seguir adelante con tu vida mientras te relacionas con la ansiedad de una forma nueva y más realista. También es importante enfatizar que los resultados positivos no significan que dejarás tus fantasías ansiosas para siempre y que los malos resultados no significan que debes volver a la evitación. Éstas son las conclusiones más importantes de los experimentos conductuales:

- Las fantasías ansiosas pueden ser refutadas con evidencia de comportamiento.
- Puedes hacer planes para mejorar en respuesta a cualquier contratiempo, problema práctico u obstáculo que encuentres.
- Verás si la ansiedad disminuye por sí sola.
- Verás si la ansiedad y la incertidumbre son tolerables.

Diseña tus experimentos conductuales

Piensa en las actividades que valoras, pero evitas debido a la ansiedad. ¿Qué crees que pasaría si participaras en esas actividades de todos modos? ¿Cómo superarías el malestar? ¿Hay algún primer paso que estarías dispuesto a dar para empezar? ¿Estás preparado para tolerar la incertidumbre que acompaña a un comportamiento valorado, pero que te provoca ansiedad? ¿Estás dispuesto a probar si tus predicciones son precisas o sólo fantasías ansiosas? Revisa estos pasos para ayudarte a diseñar tus experimentos conductuales:

1. Identifica los comportamientos valorados que te provocan ansiedad. Selecciona uno o dos para priorizar.
2. Usa los pros, contras y los ejercicios del "yo del futuro" para resolver la ambivalencia y mejorar la motivación.
3. Enumera los obstáculos que anticipas, tanto prácticos como emocionales, cuando te involucras en esos comportamientos. Da algunos pasos para abordar problemas prácticos y decide si estás dispuesto a superar las emociones difíciles para hacer lo que valoras.

---

4. Prepara frases de diálogo interno para ayudarte a identificar y aceptar: tus síntomas de ansiedad, tu plan para descontinuar las conductas de seguridad y tu compromiso con el comportamiento valorado.

5. Da los primeros pasos (desafiantes pero alcanzables) que te acerquen a un comportamiento valioso y metas a largo plazo.

6. Reflexiona sobre los resultados de tu experimento. Date crédito por tu valentía, esfuerzo y éxitos. Reconoce los contratiempos con autocompasión. Haz planes para mejorar y dar los siguientes pasos.

7. Evalúa si tus experiencias apoyan tres creencias importantes sobre el manejo de la ansiedad: la ansiedad disminuye por sí sola, la ansiedad es tolerable y la incertidumbre es tolerable.

UNA NOTA SOBRE LA EXPOSICIÓN

Si has leído otros libros sobre terapia cognitivo-conductual o participado en TCC para la ansiedad, quizá notaste que los métodos de este capítulo se parecen mucho a las "tareas de exposición" que se usan con regularidad en el tratamiento de la ansiedad y problemas relacionados. Como sugiere su nombre, este trabajo implica una serie de exposiciones (planeadas según las preocupaciones de la persona) a estímulos, situaciones y experiencias internas que provocan ansiedad. A menudo las exposiciones se ordenan de forma jerárquica, lo que permite al paciente comenzar con tareas bastante manejables antes de avanzar hacia desafíos que provocan más ansiedad. Este proceso también implica la retención voluntaria de las conductas de seguridad (clínicamente denominadas "prevención de respuesta") para que, al igual que con los procesos mencionados en este capítulo, el paciente pueda ver si la ansiedad disminuye o, si no lo hace, si la ansiedad y la incertidumbre son tolerables de todos modos. Este enfoque de tratamiento se denomina Exposición con Prevención de Respuesta (abreviado como EPR). Según una amplia evidencia de investigación que respalda su eficacia, los médicos lo consideran el aspecto más importante del tratamiento para la ansiedad y problemas relacionados.

Entonces, tal vez preguntes: ¿por qué no hiciste referencia a la EPR en este capítulo? Hay varias razones. Primero, en mi experiencia, la palabra *exposición* a menudo encuentra resistencia por parte de quienes luchan con la ansiedad porque parece priorizar la inducción de la ansiedad por encima de participar en un comportamiento valorado, pero desafiante. Me parece que los pacientes ven las estrategias de cambio y el tratamiento de manera más favorable cuando la atención de la incomodidad percibida de la exposición se centra en los beneficios de superar la ansiedad, dar los primeros pasos, provocar la incertidumbre y realizar experimentos conductuales.

En segundo lugar, también creo que tú solo puedes practicar con éxito las estrategias de este capítulo (basadas en los principios de la EPR), pero la EPR tradicional se implementa de forma más eficaz con la asistencia y orientación de un profesional capacitado. Los protocolos EPR son difíciles de desarrollar y seguir sin apoyo. Si, después de revisar las estrategias de este capítulo, prefieres seguir un enfoque más formal y estructurado, busca un terapeuta calificado que ofrezca la EPR.

Aunque el proceso de desarrollar un plan EPR completo está más allá del alcance de este libro, puedes familiarizarte con él creando una "jerarquía de exposición" que clasifique las tareas y situaciones que te provocan ansiedad de menor a mayor y, luego, aplicar los principios de este capítulo para ayudarte a resolverlos. Algunas personas prefieren trabajar a través de la jerarquía paso a paso; otros prefieren seleccionar desafíos al azar. La ventaja de un enfoque ordenado es que los desafíos son más predecibles. La ventaja del enfoque aleatorio es que imita más de cerca los desafíos del "mundo real" que se nos presentan. La decisión es tuya.

¿CÓMO AYUDA ESTO? ¿QUÉ SIGUE?

El mantra contra la ansiedad "hazlo de todos modos" te recuerda que tu capacidad para manejar la ansiedad mejora cuando respondes a la angustia emocional y los deseos de evitación trabajando en tu ansiedad para participar en un comportamiento que valoras. Las estrategias que te ayudan en este proceso incluyen identificar tus síntomas de ansiedad; relacionarte con ellos de forma objetiva; reducir las conductas de seguridad; observar una disminución natural de la ansiedad, y tolerar tanto la ansiedad como la incertidumbre.

Además de cambiar tu relación con la ansiedad, el aspecto de cambio conductual de "hazlo de todos modos" incluye dar los primeros pasos, provocar la incertidumbre y realizar experimentos conductuales. Aunque este proceso es desafiante, enfrentar la ansiedad de esta manera te ayudará a identificar el deseo de controlarla a través de la evitación y, en cambio, responder con un compromiso renovado a tolerar la ansiedad y el comportamiento que valoras.

En el próximo capítulo revisarás un tipo especial de fantasías ansiosas que responden mucho menos al pensamiento realista y a la acción. Éstas incluyen evaluaciones de amenazas, deseos

inconscientes e incertidumbre. Aprender a aceptar más las preocupaciones difíciles de resolver como éstas te ayudará a ser más
selectivo sobre las experiencias internas que quieres tomar en
serio y las que quieres tolerar, pero luego dejar en paz para hacer
lo que valoras.

Resumen del capítulo: PUNTOS CLAVE

✓ El mantra "hazlo de todos modos" te ayuda a recordar
cómo trabajar en la ansiedad y los deseos de evitación para
participar en actividades que valoras.

✓ Aprovechar la oportunidad de participar en actividades
importantes que provocan ansiedad te permite aprender
que la ansiedad tiende a disminuir por sí sola y que tanto la
ansiedad como la incertidumbre son tolerables.

✓ Mejora tu "trabajar en" al identificar los síntomas de ansiedad y planear para responder con aceptación en vez de con
conductas de seguridad.

✓ Aunque es difícil actuar cuando sientes ansiedad, puedes
prepararte para el éxito a largo plazo si planeas dar los primeros pasos hacia el cambio para poder generar confianza.

✓ Sigue haciendo cambios significativos al provocar la incertidumbre en los desafíos que aceptas.

✓ Los experimentos conductuales prueban fantasías ansiosas,
promueven nuevos aprendizajes y esclarecen oportunidades
para mejoras continuas, todo mientras haces lo que valoras.

SECCIÓN 3

Aceptar y redirigir

9

Una mente que no puedes controlar

El mensaje principal de este libro es que el manejo exitoso de la ansiedad a largo plazo tiene mucho más que ver con la respuesta a la ansiedad que con la capacidad de evitarla o controlarla. A pesar de nuestras mejores intenciones, las conductas de seguridad y las estrategias de afrontamiento centrado en las emociones que usamos para sentirnos mejor a menudo nos frenan al fortalecer la creencia: "Cuando estoy ansioso, debo hacer algo al respecto o no seré capaz de funcionar". Es cierto que la ansiedad es molesta y distrae, pero sólo porque aparece en momentos inoportunos y exige atención, en realidad no existe una regla que diga que debemos controlarla o dejar lo que estamos haciendo por su culpa.

Hasta ahora, este libro ha enfatizado que el problema de la ansiedad se intensifica por dos razones. La primera es que las creencias sobre las amenazas venideras y nuestra incapacidad para afrontarlas hacen que los desafíos futuros parezcan más abrumadores de lo que son en realidad. La segunda es que depender de la evitación en sus muchas formas hace más difícil para nosotros aceptar y trabajar en tareas y situaciones significativas, pero desafiantes. Para abordar las trampas del pensamiento y los patrones de comportamiento que interfieren con el manejo de la ansiedad aprendiste a responder a las fantasías ansiosas con creencias más realistas y útiles y "hacerlo de todos modos", trabajando en tus deseos de evitación para participar en actividades que valoras.

Por muy poderosas que sean estas estrategias, algunas de nuestras fantasías ansiosas no responden mucho a la lógica. Cuando el ruido interno es muy confuso o aterrador, es más difícil aceptar la idea de reemplazar los deseos de evitación por la acción. En estos casos es útil relacionarnos con nuestras experiencias internas (fantasías ansiosas, sentimientos difíciles, impulsos y respuestas físicas) con aceptación, apertura y compasión antes de seguir adelante.

En este capítulo nos centraremos en una clase especial de fantasías ansiosas difíciles de resolver que, por decirlo con suavidad, no perdonan mucho cuando intentamos razonar con ellas. Familiarizarse con estas trampas del pensamiento te facilitará decidir si deseas explorarlas un poco o dejar que existan en segundo plano mientras haces otra cosa. Empezaremos pensando en las evaluaciones de amenazas (la preocupación de que las experiencias internas en sí sean peligrosas) y luego exploraremos tres tipos de pensamientos intrusivos que tienden a resistirse cuando trabajamos demasiado para encontrarles sentido.

EVALUACIONES DE AMENAZAS

Aunque todos los tipos de experiencias internas presentan desafíos, el elemento cognitivo merece una atención especial. Ya conoces los peligros de las fantasías ansiosas en relación con las demandas de una situación o tu capacidad para desenvolverte en ella, pero las fantasías ansiosas también crean problemas cuando se presentan en forma de *evaluaciones de amenazas*: nuestros juicios sobre el significado y la importancia de los síntomas de ansiedad.

Considera dos síntomas conocidos para la mayoría de las personas: frecuencia cardiaca rápida y el deseo de dejar una situación. Por sí solas, y en muchos contextos, estas experiencias parecen insignificantes. Por ejemplo, si tu corazón late rápido, tal vez no piensas mucho en eso si acabas de terminar un entrenamiento, corriste para tomar un autobús o desviaste tu automóvil para evitar un gato pavoneándose por la calle. Y el deseo de dejar algo no parece un gran problema si terminaste una reunión o tu comida en un restaurante.

Pero ahora imagina que tu corazón se acelera y tienes el fuerte deseo de irte cuando estás atrapado en medio de una feria llena de gente. En este contexto juzgas la reacción de tu cuerpo y la necesidad de escapar de manera diferente: "Si me siento así, significa que estoy ansioso y a punto de perder el control". Para complicar aún más las cosas, si luego decides que esa creencia es un hecho ("estoy a punto de perder el control") y una señal de que estás en peligro significativo, la ansiedad aumenta aún más. Claro, no queremos descartar la realidad de que nuestros procesos internos a veces nos brindan señales muy útiles, pero es importante entender que nuestras evaluaciones sesgadas de amenazas de experiencias internas pueden tener un gran impacto en la intensidad de la ansiedad.

PENSAMIENTOS INTRUSIVOS

Ciertas fantasías ansiosas presentan desafíos únicos. Cuando las juzgamos amenazantes (no importa cuán razonables tratemos de ser o cuánta evidencia de comportamiento recopilemos para apoyar una perspectiva alterna), en el fondo hay algo que nos dice que la creencia que provoca ansiedad es cierta y deberíamos asustarnos. Cuando estas ideas nos atacan y seguimos considerándolas peligrosas, es fácil quedar atascado en la idea: "Si pudiera deshacerme de este pensamiento, todos mis problemas se resolverían". Ser consciente de este tipo de pensamientos es importante porque, cuando los notes, reconocerás que estás trabajando con una fantasía ansiosa especial que no toma las tácticas de control con amabilidad, pero que podría responder mejor a la reevaluación y aceptación.

Las tres categorías de pensamientos extraños, no deseados e intrusivos incluyen: *1)* preocupaciones existenciales sobre el significado y el propósito ("nunca lograré arreglar mi vida" o "vivo destinado a estar solo"), *2)* ideas potencialmente impulsadas por fantasías o deseos inconscientes y perturbadores ("ese pensamiento ofensivo/agresivo/sexual significa que, en el fondo, de verdad quiero eso/me siento así"), y *3)* pensamientos relacionados con la incertidumbre ("no sé qué va a pasar y no puedo manejar eso" o "¿qué pasa si pierdo la cabeza/me da una enfermedad/me arruino/me despiden/pierdo a un ser querido/me muero?").

En particular, estas ideas son tan resistentes a la razón que desafiarlas sólo creará una feroz batalla interna entre la fantasía ansiosa y la lógica que es imposible de resolver. Si alguna vez has tratado de disuadirte de pensamientos perturbadores como éstos con afirmaciones tranquilizadoras como "de verdad no piensa eso" o "todo saldrá bien", seguro notaste que tus pensamientos intrusivos sólo se volvieron más ruidosos y exigentes. Es como si se sintieran envalentonados por sus reapariciones y aún más decididos a burlarse de ti hasta que los tomes en serio y te sientas tan ansioso que no sepas qué hacer contigo.

Hipotéticamente, si reaccionaste a un pensamiento como éste con diversión o fascinación ("¿eh? Eso es un poco extraño. ¿De dónde salió?") antes de volver a lo que estabas haciendo, quizá lo descartarías como una rareza de la mente, un error tonto al que no vale la pena dedicar tiempo. Por el contrario, si surge un pensamiento de este tipo y lo juzgas amenazante, harás todo lo posible por ignorarlo, derrotarlo con razón o rechazarlo; entonces, cuando el pensamiento persista es inevitable que te frustres y asustes.

Al hacer algo para neutralizar nuestros pensamientos intrusivos nos demostramos que estos eventos cognitivos son significativos, peligrosos y necesitan una respuesta. A pesar de nuestras mejores intenciones, al llamar la atención y el significado de los pensamientos intrusivos, sin darnos cuenta hacemos que los pensamientos en sí y la ansiedad que los acompañan se intensifiquen, lo contrario de lo que queremos que suceda.

Por contradictorio que parezca creer esto, es importante comprender que la presencia de pensamientos intrusivos es normal e inofensiva, y no estamos obligados a tomarlos en serio ni a invertir en ellos. De manera similar a los ejemplos proporcionados antes (en los que las sensaciones corporales y los deseos de evitación sólo se convierten en problemas cuando se consideran amenazas), la valoración de pensamientos intrusivos como importantes o peligrosos crea un problema mucho mayor que su contenido o existencia. Este concepto es importante, porque ya que nos damos cuenta de que los pensamientos extraños, confusos, aterradores u ofensivos se entienden mejor como inconvenientes que como amenazas, podemos empezar a cambiar nuestra relación con ellos. En lugar de tomar los pensamientos intrusivos en serio (como ideas para desafiar, resolver o combatir), puedes experimentar una tremenda sensación de libertad al observarlos de forma objetiva, soltarlos con suavidad y redirigir tu atención a asuntos más importantes.

Las siguientes secciones de este capítulo cubren tres tipos de pensamientos intrusivos que crean problemas especiales para quienes acostumbran manejar otras preocupaciones relacionadas con la ansiedad de manera efectiva (con lógica y acción). Es útil familiarizarse con estas creencias desafiantes, para que puedas notarlas cuando aparezcan, aceptarlas sin juzgar y permitir que existan como simples distracciones menores, en vez de desafíos urgentes por resolver.

Antes de revisar los siguientes tres ejemplos de pensamientos intrusivos, reflexiona en los pensamientos que tienes sobre el futuro, tus síntomas de ansiedad y tu capacidad para afrontar los que no parecen responder bien a la lógica o a tus intentos de resolverlos. Escribe en tu cuaderno los pensamientos que más se destacan. ¿Cómo has intentado responderles? ¿Cómo ayuda esto? ¿Qué problemas, si los hay, crea esto? ¿Qué crees que podrías hacer en su lugar?

"¿QUÉ SIGNIFICA TODO ESTO?": PENSAMIENTOS EXISTENCIALES

No importa cuánto deseemos no tener que lidiar con problemas existenciales, de "panorama general" como el significado de la vida, tomar las decisiones correctas, aceptar la responsabilidad de nuestras acciones, estar solos y la inevitabilidad de la muerte, estas preocupaciones humanas son y serán parte de nuestra experiencia. Muchas veces, cuando nos enfrentamos a estos problemas entramos en conflicto. Reconocemos la lógica detrás de ellos ("¡por supuesto que sé que la muerte es inevitable!"), pero nuestras respuestas, tanto cognitivas (distraerse o negarse a "pensar en eso") como conductuales (ser demasiado cautelosos), sugieren que no estamos listos para aceptar estas ideas como dadas. Si todavía no vives preocupaciones como éstas, quizá surjan en algún momento y será difícil saber qué hacer con ellas.

Un buen ejemplo de una crisis existencial que crea problemas para muchos es la ansiedad relacionada con la soledad. Claro, se entiende que las personas se preocupen por hacer nuevos amigos, tener citas o mantener relaciones existentes (en especial si trabajan por su cuenta, viven en un área remota o tienen responsabilidades personales). Pero las preocupaciones por la soledad son un desafío para cualquier persona, incluso para quienes tienen relaciones profundas, duraderas y diversidad en sus redes sociales. Por ejemplo, Tom era un hombre de unos 30 años que tenía un matrimonio feliz, hijos que adoraba, un grupo de amigos amantes de la diversión y compañeros de trabajo que lo apoyaban. Pero a pesar de tener todos los ingredientes aparentes para evitar cualquier sensación de soledad, Tom luchó con la idea de que estaba solo y destinado a estarlo para siempre. Dijo: "Paso mucho tiempo con familiares y amigos y me abro a ellos, pero siempre me quedo con la sensación de que todavía no me conocen de verdad. Me esfuerzo mucho por conectarme con la gente, pero no lo logro por completo. No puedo dejar de sentirme tan solo".

Muchos nos relacionamos con ideas como ésta porque, sin importar cuánto trabajemos para construir relaciones, hay aspectos de nuestra experiencia que otros no podrán conocer o comprender. Hasta cierto punto, siempre estamos solos. Digo esto no para ser sombrío, sino para reconocer que esta sensación de aislamiento es uno de los aspectos de la existencia y, por mucho que luchemos contra ella, no entenderemos las cosas de manera diferente.

Para alguien como Tom, la evaluación de esta idea crea más problemas que la idea en sí. Asustado por el concepto de soledad, Tom se volvió cada vez más desesperanzado en sus creencias; notó que alternaba entre patrones de comportamiento dependiente y necesitado para evitar el aislamiento y periodos de evitación social porque: "Estaré solo de todos modos, entonces, ¿para qué intentar?". Con el tiempo, ser consciente de su preocupación por la soledad combinado con la voluntad de aceptar su inevitabilidad lo ayudó a reconocer que su juicio del concepto como amenazante lo llevó a respuestas con consecuencias frustrantes no intencionales. Cuando empezó a relacionarse con sus ideas de forma objetiva en vez de emocional, se le hizo más fácil responder con flexibilidad, al centrar su atención en las relaciones existentes y valorar esas oportunidades al mismo tiempo que aceptaba (incluso apreciaba) sus experiencias privadas.

Las cosas que hacemos para evitar o desafiar otras preocupaciones existenciales son similares. Las preguntas sobre el significado y el propósito son inevitables, pero si se ven como amenazas, podríamos dejar de intentarlo (porque "nada tiene sentido") o castigarnos por no tener una claridad completa sobre cómo vivir. En lugar de cerrarnos, contraatacar o buscar respuestas sin cesar, podemos reconocer que nuestra capacidad para manejar la ansiedad relacionada con grandes ideas como éstas mejora cuando abordamos tales preguntas con autocompasión, aceptación y la comprensión de que el deseo de responder a ellas es una parte normal de la experiencia humana.

"LO QUE NO SÉ... ¿PODRÍA LASTIMARME?": PENSAMIENTOS OCULTOS

Todos tenemos deseos y fantasías privados que aceptamos al pie de la letra. Es posible que no sepamos por qué nos intrigan ciertas ideas, sentimientos o actividades, pero aceptamos que están ahí por alguna razón desconocida y no hacemos gran cosa para resolverlos. Un ejemplo es cuando estás platicando con tu pareja o cónyuge en un restaurante y de repente notas que alguien atractivo pasa junto a tu mesa. Si te ha pasado antes, lo más probable es que reconociste la atracción por un instante, te encogiste de hombros y dirigiste tu atención de nuevo a la conversación.

Pero ¿y si juzgaras esa experiencia de otro modo? Quizá empiezas a preguntarte si distraerte por un extraño atractivo significa que, inconscientemente, hay algo muy mal en ti. Luego exploras las posibilidades y te preocupa que, en el fondo, tu atracción por otra persona indica que estás insatisfecho en tu relación, abierto a tener una aventura o que tienes miedo al compromiso. Empiezas a preguntarte si eres egoísta y estás tan concentrado en tus necesidades que te falta la capacidad de expresar una auténtica calidez o mostrar preocupación por alguien más. ¿Y si tu compromiso expresado con esta relación en realidad sólo es una fachada, una forma de encubrir estas verdades desafortunadas, porque tienes demasiado miedo para salir de ellas? ¿Cómo resolverías estas preocupaciones?

Es difícil creer que alguien trabajaría *tan duro* para encontrar una explicación a lo que parece ser una respuesta inocente sin significados ocultos. Pero la mayoría tenemos, al menos, algunos pensamientos intrusivos que consideramos significativos y amenazantes en lo personal y no es raro responder a ellos con una intensa preocupación por la posible existencia de secretos perturbadores incrustados en las grietas de nuestra mente.

Por supuesto, nunca sabremos con certeza si estos procesos inconscientes existen porque… bueno… son inconscientes. Pero eso no impide que las personas se preocupen por sus fantasías y deseos ocultos de todos modos, en especial cuando el contenido de los pensamientos, imágenes o impulsos se relaciona con temas controvertidos como el sexo, la violencia y la muerte. También nos preocupa que, si no identificamos la fuente de tales pensamientos, con el tiempo las fuerzas interiores nos dominarán tanto que cederemos y participaremos en actividades destructivas, pervertidas o ilegales. Aunque estas posibilidades provocan ansiedad, la realidad es que las personas que tienen estos deseos y ansias por lo general son muy conscientes de ellos. Sus desafíos se relacionan con la dificultad de resistir sus impulsos o aceptar las consecuencias de ceder ante ellos.

Si luchas con preocupaciones como éstas y te angustia que el material no deseado que ingresa en tu mente refleje algo misterioso y terrible dentro de ti, puede ser útil ver la actividad como un ruido mental que ha sido fortalecido por ciertos patrones de respuesta… y nada más. He aquí algunas cosas que debes tener en cuenta cuando estos pensamientos te presentan desafíos:

- Todos tenemos pensamientos ilógicos, extraños, repugnantes o aterradores, pero no los compartimos. Las experiencias mentales extrañas son normales.
- Quizá tienes otros pensamientos con temas muy objetables (o peores) que no te preocupan tanto o en absoluto.
- El contenido de estos pensamientos importa mucho menos que su evaluación.

- Juzgar estos pensamientos como peligrosos y trabajar para controlarlos o evitarlos tiene el efecto involuntario de fortalecer su importancia y hacerlos resistentes a la extinción.
- Está bien que no te gusten estos pensamientos, pero son inofensivos y puedes tolerarlos.
- El contenido mental confuso que quieres evitar o eliminar no significa que tengas deseos, impulsos e intenciones que quieras expresar en la realidad.
- Todos los días tenemos pensamientos que reconocemos como independientes y diferentes de nuestros deseos y comportamientos. Cuando aparecen pensamientos desafiantes, de todos modos puedes funcionar y tomar decisiones responsables sobre cómo responder ante ellos.

"SÓLO NECESITO SABER": PENSAMIENTOS DE INCERTIDUMBRE

Es difícil saber cómo responder a las preocupaciones por la incertidumbre. En algunos casos, cuando nos atascamos en los aspectos "infinitos e inescrutables" del futuro, un poco de reflexión nos ayuda a darnos cuenta de que, en realidad, sólo hay un puñado de preocupaciones probables o de alto impacto que abordar. Entonces podemos dirigir nuestra atención y esfuerzo hacia la preparación para los desafíos o contratiempos, en caso de que ocurran. Pero los pensamientos intrusivos relacionados con la incertidumbre pueden ser mucho más difíciles de manejar cuando son ambiguos o están conectados a resultados catastróficos que resisten un análisis de probabilidad porque, sin importar cuán improbables sean los eventos, aún pueden ocurrir.

Las preocupaciones ambiguas son las que no tienen un significado claro. Cuando nos angustia que suceda "algo malo" pero no podemos precisar qué, la incapacidad de identificar el evento no deseado es preocupante. Pero a menudo, cuando le pregunto a alguien sobre la idea orientada al futuro que alimenta la ansiedad y responde con algo como "no estoy seguro y por eso estoy tan preocupado", al final llega a la conclusión de que es la ansiedad en sí, más que un revés práctico, lo que espera evitar. En estos casos es útil aclarar el aspecto de la ansiedad que causa problemas. Por ejemplo, en contraste con la vaga predicción de que la ansiedad podría aumentar, aclarar que las respuestas de ansiedad no deseadas podrían incluir tensión en el pecho o preocuparte demasiado por los juicios de los demás sobre tu apariencia te da algo con lo que trabajar. Quizá todavía no podrás predecir o controlar los síntomas (si ocurren), pero al menos estarás más preparado para tolerarlos. Las estrategias del próximo capítulo te ayudarán con esto.

La incertidumbre que se relaciona con eventos poco probables pero muy significativos es un asunto diferente. Preocuparte por cosas que (sin evidencia) no podrías predecir, como desarrollar una enfermedad terminal, recibir una demanda judicial, un accidente mayor o la infidelidad en una relación romántica, puede ser abrumador debido al significado atribuido al evento. Si preocupaciones como éstas te son difíciles, sabes que buscar tranquilidad y ser demasiado cauteloso te brinda, en el mejor de los casos, una breve sensación de alivio y control. Pero estas preocupaciones, al igual que las otras que ya analizamos en el capítulo, no se pueden apagar con facilidad y, hasta que estés seguro de que estás a salvo o de que ocurra el evento catastrófico, es poco lo que puedes hacer para afectar el resultado. Tal vez parece que "hacer algo es mejor que nada" cuando agonizamos por los pensamientos, buscamos evidencia para apoyar o refutar la idea o evitamos cualquier cosa que pueda hacer que suceda algo malo, pero estas respuestas laboriosas y que requieren mucho tiempo traen mayor importancia a la preocupación por la incertidumbre, así como una sensación falsa de que tal vez esta atención que le damos nos dará un poco más de certeza.

Por muy inquietantes que sean algunos de los resultados temidos, trabajar más duro para resolver preguntas que quizá no puedas responder es bastante inútil. Estas ideas se abordan de manera eficaz con comprensión, paciencia, tolerancia y calidez, en lugar de evitarlas o controlarlas.

Considera el caso de Stephanie: tenía miedo de desarrollar una enfermedad que amenazara su vida y no poder cuidar a sus hijos. Aunque no tenía pruebas de estar en peligro inminente, sus preocupaciones aumentaron con el tiempo y cada día creía más y más que sufriría una enfermedad grave. Para afrontarlo, hizo una cita con su médico para revisar esas sensaciones físicas desconocidas e investigó los síntomas en páginas médicas o foros de apoyo en internet.

Los intentos de Stephanie para ganar certeza tuvieron varias consecuencias imprevistas. No sólo se convenció más de que sus predicciones eran acertadas, sino que el esfuerzo que hizo para buscar respuestas la alejó de lo que más valoraba: el tiempo con sus hijos. Y a menudo estaba tan distraída por sus pensamientos recurrentes de enfermedad y tan consumida por investigarlos que se quedó sin energía para ir en busca de esa certeza. Como ella bromeó: "Estoy harta de tratar de averiguar si estoy enferma".

Así que empezó a jugar con sus hijos. Curiosamente, cuando hizo eso, descubrió que sus pensamientos no eran tan angustiantes, que podía relacionarse con ellos de manera neutral y que aumentó su disfrute del tiempo en familia. Con el tiempo, Stephanie reconoció que sus pensamientos sobre la enfermedad iban y venían en momentos impredecibles y que cualquier cosa que hiciera para detenerlos no parecía hacer una diferencia de todos modos. Empezó a ver los pensamientos como molestias más que como señales importantes. Se dio un respiro por tenerlos y hasta se rio de ellos: "¡Ahí voy otra vez!". Al final reconoció que la incertidumbre era difícil para ella y que estaba bien si algunos pensamientos se quedaban más que otros.

Nota qué hizo Stephanie para que practiques el lidiar con la incertidumbre de la misma forma: se involucró de manera proactiva en un comportamiento que valoraba (pasar tiempo con sus hijos) en lugar de seguir con su patrón de preocupación improductiva (por su salud). Cuando los pensamientos ansiosos inevitablemente volvieron a surgir, hizo todo lo posible por aceptarlos sin juzgar, soltarlos con suavidad y permanecer concentrada en lo que importaba en el momento. Y cuando tuvo problemas para redirigir, se recordó que no tenía que ser perfecta en su nuevo compromiso: "Incluso si sólo estoy en el 60% de mi mejor momento cuando estoy con mi familia, valoro más ese tiempo que nada". Este enfoque valió la pena para Stephanie y ahora tiende a estar mucho más satisfecha en su vida.

Revisa la lista de pensamientos desafiantes que escribiste en la sección anterior. Ahora que ya exploraste los tres tipos de pensamientos intrusivos, ¿puedes identificar otros? Reflexiona cómo has respondido a esos pensamientos y el impacto que esto tuvo. ¿Te quedas tan atascado en ciertos pensamientos que tienes problemas para conectarte con otras personas, situaciones o actividades que, por lo general, disfrutas o consideras significativas? ¿Qué opinas de las respuestas de Stephanie a sus problemas de salud? ¿Alguna de sus estrategias te sería útil para abordar tus preocupaciones?

¿CÓMO AYUDA ESTO? ¿QUÉ SIGUE?

La experiencia interna de la ansiedad es confusa y desafiante. Aunque responder a las fantasías ansiosas con lógica y utilidad y responder a los deseos de evitación con un comportamiento impulsado por valores son elementos esenciales de un plan de manejo de la ansiedad, existen algunos pensamientos (evaluaciones de amenazas y tres tipos de fantasías ansiosas) que tienden a resistir las tácticas orientadas al cambio. Estos pensamientos intrusivos e inquietantes se preocupan por temas inmutables de la existencia, el contenido perturbador que refleja deseos o fantasías ocultos y la incertidumbre de un futuro catastrófico.

Aunque podamos objetar el contenido de estos pensamientos, el mayor problema es la forma en que los evaluamos. Comprender que los pensamientos intrusivos son significativos o amenazantes conduce a respuestas que aumentan tanto la ansiedad como la disfunción. Las estrategias cognitivas, como la distracción, la búsqueda de consuelo o el desafío de los pensamientos sólo refuerzan la creencia de que los pensamientos intrusivos deben tomarse en serio y abordarse. Las estrategias de comportamiento, como la evitación y otras conductas de seguridad, también fortalecen las evaluaciones de amenazas.

Nuestra capacidad para manejar estos pensamientos difíciles que provocan ansiedad depende de cambiar nuestras evaluaciones y respuestas a ellos. En lugar de asustarnos por pensamientos intrusivos, podemos reconocer que se entienden mejor como distracciones o molestias inconvenientes… y nada más. Los pensamientos intrusivos son normales e inofensivos. Aprender a aceptarlos de forma objetiva, en vez de emocional, facilita apartarlos y redirigir la atención y el esfuerzo hacia un comportamiento valorado.

En el próximo capítulo aprenderás cómo identificar tu SPDS (sensaciones, pensamientos, deseos y sentimientos), las cuatro partes de la ansiedad y otras emociones, así como qué hacer con tu SPDS cuando se interponen en el camino del comportamiento que más valoras.

Resumen del capítulo: PUNTOS CLAVE

✓ Algunas fantasías ansiosas resisten la lógica y las respuestas realistas, y cuando nos esforzamos demasiado en razonar con ellas, la ansiedad se vuelve aún más abrumadora.

✓ Las evaluaciones de amenazas o el juicio de que nuestras experiencias internas son peligrosas y significativas, hacen que la ansiedad parezca más problemática de lo que es y llevan a una dependencia excesiva de las conductas de seguridad.

✓ Otras fantasías ansiosas que pueden crear problemas especiales son los pensamientos intrusivos sobre preocupaciones sin solución, como el significado de la vida, los deseos inconscientes y la incertidumbre.

✓ Comprender los desafíos únicos que vienen con estos pensamientos es útil, de modo que cuando surjan, podamos practicar estrategias basadas en la aceptación en vez de invertir en ideas que, si bien son molestas, son inofensivas y es mejor dejarlas en paz.

10

Qué hacer con tus SPDS

A veces las experiencias internas son difíciles de comprender y aclarar. Cuando te sientes ansioso, observas tensión en el cuerpo, ideas corriendo por tu mente, un impulso de protegerte y una etiqueta de sentimiento que usas para resumir la actividad interna. Cuando observas estos procesos, resulta difícil saber cuáles priorizar y cómo responder. Y esto se vuelve aún más desafiante cuando cada experiencia interna influye en las demás. Por ejemplo, si tus hombros se sienten tensos o te resulta difícil respirar bien, entiendes tu estado emocional como "ansioso", piensas "necesito relajarme" y luego intentas una conducta de seguridad (como una respiración controlada). Si la conducta de seguridad no ayuda mucho, sientes la necesidad de probar otra, te preocupas de que "esta terrible sensación nunca se detenga", empiezas a sudar y concluyes que ahora estás lidiando con el "pánico".

Con razón la ansiedad es tan difícil de manejar. Estos procesos variados, evidentes e incómodos te llegan desde diferentes direcciones y cada uno exige que lo tomes tan en serio como los demás. Pero a estas alturas ya sabes que, en lugar de dejarte llevar por el deseo natural de evitar o vencer estos síntomas, tu capacidad para manejar la angustia y funcionar de manera efectiva depende más de cambiar tu relación con la ansiedad que de tratar de controlarla.

En las primeras dos secciones del libro, muchas de las estrategias que aprendiste estaban orientadas al cambio. Por muy valiosas que sean estas tácticas para enseñarle a tu ansiedad quién manda, sin importar cuánto te enfrentes a la ansiedad y recuperes el control, las sensaciones, pensamientos, deseos y sentimientos de ansiedad seguirán formando parte de tu vida. Por eso, en la tercera y última sección del libro nuestro enfoque se ha desplazado del cambio a la aceptación, por lo que ahora practicarás cómo relacionarte con la ansiedad de manera objetiva (como una colección de experiencias internas en vez de algo que temer).

EL VALOR DE LA ACEPTACIÓN

Tener respuestas productivas para la ansiedad es muy poderoso. Reconocer que la ansiedad no siempre merece una respuesta es igual de importante. Claro, la ansiedad puede ser un llamado útil, pero a menudo es una falsa alarma, impulsada sólo por experiencias internas molestas pero tolerables. Puedes permitir que estos procesos hagan lo suyo en segundo plano mientras rediriges tu atención a asuntos más importantes. Éste es el principio de *aceptar y redirigir.*

La ansiedad es un problema de exceso de control, exacerbado por los intentos inútiles de resolver la incertidumbre y eliminar la incomodidad, por eso es importante distinguir qué puedes controlar (respuestas cognitivas a fantasías ansiosas y respuestas conductuales a deseos de evitación) y qué no. Aprender a aceptar experiencias internas incontrolables (fantasías ansiosas, pensamientos intrusivos, preocupaciones por la incertidumbre, agitación física e impulsos de búsqueda de seguridad) abre nuevas oportunidades para decidir si responder y cómo.

Pero la aceptación es un concepto complicado. Si en este contexto lo entiendes como "estoy atrapado en la ansiedad, así que no tengo más remedio que aceptarlo", tu impresión de aceptación sería desfavorable (es comprensible). Esta idea suena mucho a rendirse y sufrir lo inevitable, lo que no estoy sugiriendo. Debo admitir que mi impresión inicial del concepto de aceptación fue similar y tampoco me sentó bien. No sólo eso, sino que, en mi opinión, la aparente simplicidad de esta supuesta estrategia ("¿aceptarla? ¿Eso es todo?") tenía más en común con los memes de las redes sociales que con los reflexivos (y basados en evidencia) enfoques de reestructuración y las tareas de exposición.

Claro, mi perspectiva ha cambiado desde entonces. En lugar de confiar en esa fantasía ansiosa (que la aceptación se trata de reconocer pasivamente que no hay nada que puedas hacer con la ansiedad), ahora pongo atención a los matices del concepto y veo el trabajo basado en la aceptación como una parte esencial de cualquier plan de manejo de la ansiedad. Para aclarar los detalles de la aceptación, he aquí algunas ideas para enfatizar, que se pueden aplicar no sólo a la ansiedad, sino a todas las emociones difíciles:

- En la vida seremos desafiados y, en esos casos, es normal experimentar emociones difíciles.
- Las emociones difíciles que acompañan a los reveses pueden distraer, confundir y ser dolorosas, es natural responder a ellas de manera impulsiva con estrategias de afrontamiento centrado en las emociones.

- Responder a las emociones de esta manera es crítico. Sugiere que vemos las emociones auténticas como malas o intolerables y que no estamos dispuestos a permitir que la emoción exista.
- La respuesta crítica a las emociones dificulta funcionar en el momento, en especial cuando nos preocupamos por los recuerdos de emociones similares del pasado o las consecuencias futuras de la angustia.
- La aceptación implica una respuesta auténtica, imparcial y objetiva a los diferentes aspectos de las emociones tal como existen en el momento presente.
- Las emociones tienen cuatro dimensiones: sensaciones físicas, pensamientos, deseos y etiquetas de sentimientos.
- Notar y etiquetar las propiedades de las emociones nos da la oportunidad de ver con qué estamos trabajando, de modo que podamos ralentizar las cosas y tomar decisiones basadas en valores (en lugar de impulsivas) sobre si responder o cómo.
- Aceptar las emociones de esta manera nos ayuda a ver la distinción entre nuestras emociones y sus respuestas. Podemos experimentar nuestras emociones genuinas con plenitud (con franqueza, calidez y autocompasión) y responder con flexibilidad.

Aplicar estos principios es una parte importante para hacer que los métodos basados en la aceptación funcionen para ti. La integración de estas ideas en tu plan de manejo de la ansiedad a largo plazo te ayudará a relacionarte con tus emociones con comprensión, en lugar de miedo, y a tomar decisiones en tus términos, no en los de la ansiedad.

TUS SPDS Y CÓMO ENCONTRARLOS

Las siglas SPDS se refieren a los cuatro elementos de las emociones: sensaciones, pensamientos, deseos y sentimientos. Como se indica en la lista anterior, la aceptación implica identificar tus SPDS, responder de forma objetiva, sin juzgar y seguir orientado al momento presente. Cuando logras hacer esto, ralentizas las cosas y decides tus respuestas.

Como la ansiedad se junta con facilidad con conductas de seguridad, debes saber que: volverte consciente de tus SPDS, responder con aceptación y crear distancia de tus emociones antes de tomar decisiones… es un proceso que al principio no será fácil. El ejercicio de aceptación consciente que realizaremos más adelante te ayudará a desarrollar estas habilidades, pero tarda. Prepárate para reservar tiempo para practicar este ejercicio con regularidad y recuerda que, con atención constante, será más fácil aplicar estas estrategias en situaciones de carga emocional que se encuentran en la vida cotidiana.

La mejor forma de desarrollar estas habilidades es practicar nuestro ejercicio de aceptación consciente todos los días, en un ambiente tranquilo o neutral. Lo ideal es sentirte bastante relajado y no ansioso cuando realices el ejercicio, pero incluso si la ansiedad hace acto de presencia, sólo observa tus sensaciones, pensamientos, deseos y sentimientos para ver cómo es permitir que existan y no reaccionar. A algunas personas les gusta hacer este ejercicio poco después de despertarse, porque marca la pauta para un día de aceptación consciente. A otros les gusta practicar esto al final del día para encargarse de las responsabilidades diarias antes de dedicar tiempo a esta práctica. En última instancia, la hora del día no es importante. Lo que importa es la constancia.

Muchas veces me preguntan si el ejercicio de aceptación consciente es lo mismo que la meditación. Hay algunas similitudes y diferencias. Las similitudes incluyen el énfasis en la práctica enfocada y constante, sentarse quieto o acostado en una posición cómoda durante un periodo prolongado y poner atención a la experiencia interna en el momento presente, sin juzgar. Dependiendo del estilo de meditación, quizá la mayor diferencia es el propósito. Para algunas personas la meditación es una práctica espiritual. Otros meditan para mejorar el enfoque, la concentración o la claridad de pensamiento. También es común usarla para ayudar con la relajación o controlar el estrés. Si tienes experiencia con la meditación, es útil recordar que el ejercicio de aceptación consciente tiene un propósito específico y sus métodos pueden diferir de los que has usado antes. En pocas palabras, la aceptación consciente implica observar los cuatro elementos de las emociones (SPDS), responder con aceptación en lugar de juicio y permanecer orientado al presente, para que puedas relacionarte con las emociones de manera objetiva y tomar decisiones coherentes con tus valores y metas de manejo de la ansiedad a largo plazo.

EJERCICIO DE ACEPTACIÓN CONSCIENTE

A continuación te presento un guion de muestra, adaptado del libro *Emotion Efficacy Therapy* de Matthew McKay y Aprilia West, que puedes usar para empezar una práctica de aceptación consciente. Hay una versión pregrabada y descargable en www.new harbinger.com/show-your-anxiety-whos-boss/accessories (disponible sólo en inglés), también puedes grabarte leyendo el guion o, una vez que el proceso se convierta en una rutina, practicar tú solo sin ninguna guía grabada.

Para empezar este ejercicio siéntate o acuéstate en una posición cómoda que puedas mantener durante los próximos 10 a 15 minutos. Cierra los ojos, permite que tus músculos tensos se relajen y concéntrate en tu respiración. Mantén los hombros y el pecho hacia abajo y relajados. Observa si puedes ralentizar tu respiración y luego respira profundo varias veces.

El propósito de este ejercicio es ayudarte a poner atención a las diferentes partes de las emociones y a relacionarte con ellas con franqueza y aceptación sin prejuicios en el momento presente. Practicar la aceptación consciente con regularidad en un contexto neutral te facilitará la aplicación de estas habilidades en situaciones de carga emocional, de modo que puedas tomar decisiones sobre cómo responder alineadas con tus valores y metas a largo plazo.

Para comenzar escanea tu cuerpo lentamente de la cabeza a los pies. Observa las diferentes sensaciones físicas y pon tu atención sólo en una. Fíjate en las propiedades de la sensación, como su tamaño, el espacio que ocupa y su forma. Pon atención en si estás tenso o relajado. Observa si te mueves o permaneces igual. Algunas sensaciones tienen una temperatura o un color. Fíjate si puedes notar las diferentes propiedades de la sensación y déjalas ser como son, sin juzgarlas ni intentar cambiarlas. Es *sólo* una sensación. Imagina que estás creando espacio para la sensación, invitándola a entrar y permitiéndote experimentarla plenamente. Ve cómo es permitir que la sensación esté ahí sin reaccionar a ella.

Ahora, asigna una etiqueta de sentimiento a la sensación. Piensa en un nombre (sólo una palabra) y permite que ese sentimiento exista sin juzgarlo o intentar cambiarlo. Es *sólo* un sentimiento. Quédate con este sentimiento durante el siguiente minuto.

Ahora pon atención a tus pensamientos. Tu cerebro produce pensamientos diferentes todo el tiempo y es importante no involucrarse demasiado con ellos. En cambio, a medida que cada pensamiento entra en tu mente, puedes notarlo, recordarte que "es *sólo* un pensamiento" y dejarlo ir con suavidad mientras vuelves tu atención al momento presente y esperas a que surja el siguiente pensamiento. A medida que aparece cada pensamiento, simplemente obsérvalo, no juzgues, y luego déjalo ir con suavidad y espera el siguiente. Imagina que las palabras del pensamiento están en una nube o en las hojas de un arroyo y, cuando lo sueltas, el pensamiento se aleja. Sigue notando, aceptando y dejando ir tus pensamientos durante los próximos minutos.

Así, con los ojos cerrados, observa si hay un deseo que acompaña tus sensaciones, sentimientos y pensamientos. Puede ser el deseo de hacer algo o de no hacer algo. Observa lo que es no actuar según el deseo y, en su lugar, permitir que exista. Es *sólo* un deseo. Éste es tu momento de elección. Cuando notas impulsos como éstos, puedes decidir si responder o cómo, de modo que tu comportamiento esté impulsado por valores, no por emociones. Quédate con ese deseo durante el siguiente minuto.

Ahora repite la secuencia, dedicando un poco menos de tiempo a cada parte, para que puedas concentrarte en un nuevo aspecto de tu experiencia interna. [Repite el guion.] Ahora vuelve a poner atención en tu respiración. Respira profundamente unas cuantas veces y, cuando estés listo, abre los ojos y regresa la atención a la habitación.

¿Qué notaste?

Cuando termines el ejercicio de aceptación consciente escribe en tu cuaderno qué te llamó la atención. ¿Notaste ciertos pensamientos recurrentes? ¿Cómo fue explorar las dimensiones de tus sensaciones sin intentar distanciarte de ellas? Al etiquetar tus sentimientos, ¿qué pasó cuando te relacionaste con ellos sin juzgarlos? ¿Fue difícil dejar que tus deseos se quedaran allí sin actuar en consecuencia? ¿Cómo crees que puedes aplicar esto a tu relación con la ansiedad en los momentos que más te ponen a prueba?

A medida que practicas el ejercicio de aceptación consciente con regularidad te será más fácil darte cuenta de tus SPDS, poner atención al impacto de las respuestas sin prejuicios y orientadas al presente, y tomar decisiones sobre cómo responder que proporcionen evidencia conductual de que "la ansiedad no te controla". Ser proactivo y desarrollar un plan para responder a tus SPDS es poderoso. Te invito a enumerar algunos pasos simples para seguir en esos momentos donde la ansiedad se apodera de ti. Escribe en una tarjeta qué piensas hacer con tus SPDS y guárdala en tu bolsa, bolsillo, cajón o en la guantera de tu automóvil. También puedes escribir los pasos en una aplicación de notas en el teléfono. De cualquier forma, tu plan basado en la aceptación estará disponible para cuando lo necesites. A continuación te muestro un ejemplo de un sistema de tres pasos que puedes usar:

1. **Identifica tus SPDS:** "Cuando me estoy preparando para conducir al trabajo o la escuela me preocupa que [pensamientos] no encontraré estacionamiento, llegaré tarde y mi [etiquetas de sentimiento] ansiedad se convertirá en [etiquetas de sentimiento] pánico. Por lo general [sensaciones] empiezo a sudar, noto una cálida onda roja de energía que se mueve muy rápido desde la mandíbula hasta la frente y siento que la piel de mi cara se tensa. Quiero [deseos] parar a un lado de la carretera y [deseos] agarrar el volante para centrarme".

2. **Acepta tus SPDS:** "Éstos sólo son sensaciones/pensamientos/deseos/ sentimientos. Me distraen, pero son inofensivos. Aceptarlos de forma objetiva y mantenerme enfocado en el presente me ayudará a aprender que puedo tolerar algunos ruidos internos mientras me encargo de mis res-

ponsabilidades. Está bien tener sentimientos y puedo elegir cómo responder a ellos".

3. **Redirige:** "No sé si podré encontrar estacionamiento, si llegaré tarde o si mi ansiedad aumentará, pero puedo tolerar la ansiedad y la incertidumbre, aceptar en lugar de temer mis experiencias internas, trabajar mis SPDS y centrar mi atención en conducir de forma segura, buscar estacionamiento y seguir con mi día. Está bien si la ansiedad me acompaña durante el viaje, pero me sentiré mejor si hago estas cosas, incluso si no estoy relajado por completo".

Plan de tres pasos para aceptar y redirigir

Escribe en tu cuaderno los SPDS que has notado antes en situaciones que te causan ansiedad. ¿Qué experiencias internas (sensaciones, pensamientos, deseos o sentimientos) se destacan más? ¿Cómo respondes por lo general a tus SPDS? ¿Te criticas, tratas de hacer que tus sentimientos desaparezcan o te distraes? ¿Estas respuestas son útiles o preferirías probar algo más la próxima vez? Si aceptaras más tus SPDS en el futuro, ¿cómo sería? Escribe una tarjeta de tres pasos como en el ejemplo anterior o revisa tu cuaderno constantemente mientras te familiarizas con tus SPDS.

Te invito a poner atención a tus SPDS a lo largo del día, tanto en momentos tranquilos como en aquellos cargados de emociones. Dicho esto, hasta que el proceso te sea familiar, es importante practicar este ejercicio regularmente y con un horario estructurado para desarrollar tus habilidades de aceptación consciente y aprovecharlas cuando te sientas desafiado por la ansiedad.

CREA ESPACIO PARA TUS SPDS

En principio, ser objetivo cuando tienes emociones difíciles parece un proceso sencillo. Pero cuando la ansiedad te pone a prueba, es bastante fácil tirar esos conceptos por la ventana y volver a las conductas de seguridad en las que has confiado antes. Este deseo es normal. Es importante darte un respiro para luchar con la aceptación y revisar las antiguas estrategias de afrontamiento centrado en las emociones. Incluso puedes responder a estos contratiempos ocasionales con aceptación, comprensión y autocompasión (tal como lo haces ahora con la ansiedad) y prepararte para manejar los desafíos de manera diferente en el futuro. Aceptar y redirigir.

Ya mencioné el valor de ralentizar las cosas en situaciones muy emocionales, esto te permite elegir la respuesta más útil entre una variedad de opciones. Pero ¿cómo ralentizar las cosas? Una forma es crear distancia entre tú y tus SPDS después de identificarlos y aceptarlos.

Si te quedas atascado en ideas o sentimientos que parecen peligrosos en momentos de ansiedad, puedes abrir algo de espacio al relacionarte con ellos de otro modo. Ya lo hiciste un poco con el ejercicio de aceptación consciente al usar la palabra "sólo" para recordarte que la actividad interior (aparentemente significativa) también se puede ver como sólo una experiencia y que no es necesario tomarte los SPDS en serio. Un buen ejemplo del valor de esta práctica es su potencial para ayudarte a asumir una responsabilidad que te provoca ansiedad, como estudiar para un examen o trabajar en una presentación para clientes. La necesidad de hacer otra cosa y pensamientos como "no puedo hacer esto" o "voy a arruinarlo" no tienen ningún propósito útil en este momento. Dejar que el deseo o los pensamientos influyan en tu elección seguro te hará sentir peor y te alejará de tu trabajo. Recordarte que "es *sólo* un deseo" o "*sólo* son pensamientos" facilita ser un observador objetivo, pero compasivo, de tu proceso interno. Después, puedes redirigir y volver al trabajo.

En la terapia de aceptación y compromiso (ACT) a menudo se utilizan metáforas, historias y otras técnicas de "defusión" para crear un espacio a partir de experiencias privadas que parecen más significativas de lo que son. En lugar de responder a las emociones como si debieran tomarse en serio, cambiar la forma en que te relacionas con el proceso interno te hará flexible en tus respuestas a emociones como la ansiedad. A continuación se muestran algunas estrategias que te ayudarán a ver con qué estás trabajando, así puedes ser objetivo, tratar a las emociones como molestias inofensivas o usar el humor para aportar algo de ligereza a la situación.

"Estoy pensando..."

Muchas veces las fantasías ansiosas que más interfieren con el funcionamiento se aceptan como verdades, en especial cuando se repiten o aparecen con una gran ansiedad. Ya sabes cómo desafiarlas por su precisión y utilidad, pero también puedes aceptarlas sin juzgar. Una forma de hacerlo es recordarte que una fantasía ansiosa es sólo un pensamiento, una idea, una hipótesis, una creencia o una suposición, en vez de un hecho, y que su presencia no significa que debas abordarla.

Cuando aparezca un pensamiento que te provoque ansiedad, haz un espacio para relacionarte con él de manera diferente diciendo "estoy pensando que…" y luego especificando el pensamiento. Por ejemplo, supongamos que crees que estarás tan ansioso en una primera cita que la otra persona nunca querrá volver a verte. Si respondes con "estoy pensando que estaré tan ansioso en mi cita que no querrán volver a verme", te recordarás que sólo es una idea y que pensarla no la convierte en realidad. Luego date un descanso para tener ese pensamiento, dejarlo de lado y redirigir tu atención al resto de la noche. Las variaciones de esta táctica incluyen "noto que…" o "soy consciente de…", las cuales son útiles para los SPDS que no son cognitivos.

Molestias tolerables

Puedes reevaluar esos inconvenientes SPDS como una simple molestia que te distrae de atender cosas más importantes. Aquí hay otras formas de pensar en esas experiencias internas intrusivas como nada más que distracciones inconvenientes:

- Cuando intentas alejar la actividad interna o calmarla, responderá con una independencia feroz, decidida y hará lo que quiera (como un gato). He notado que mi gato Abraham opera de manera muy similar a los SPDS. Cuando estoy comiendo, le gusta saltar sobre la mesa y meter la cara en mi plato. Al hablar por teléfono, intenta unirse a la conversación. Si trato de concentrarme en una película, se agita para destruir un lazo que encontró. Cuando pasan estas cosas lo empujo de la mesa de la cocina, intento meterlo a la otra habitación o hacer que se quede quieto, pero él responde golpeándome con una pata y haciendo lo que quiere de todos modos. Si tienes un gato, sabes que debes elegir tus batallas y vivir con algunas de sus conductas aleatorias y desconcertantes. Lo curioso es que cuando le das espacio para hacer las cosas misteriosas que quiere, se calma un poco, su comportamiento te molesta menos y te vuelves más abierto a su estilo impredecible. Seguro ves el paralelo con las lecciones aprendidas cuando trabajas con la ansiedad para "hacerlo de todos modos": la ansiedad disminuye por sí sola, la ansiedad es tolerable y la incertidumbre es tolerable. Recordar que la ansiedad y tus SPDS se parecen mucho a los gatos es útil para crear algo de espacio y relacionarte con tus experiencias internas de otro modo.

• Otras molestias que se parecen mucho a los SPDS son los anuncios de internet, las ventanas emergentes, las notificaciones, las noticias y las publicaciones en redes sociales que te dificultan concentrarte en la actividad en línea que te interesa. Igual que con tus SPDS, gastar tiempo, esfuerzo y energía emocional en tratar de esconderte, cerrar o responder a cada evento de internet que te interrumpe es un proceso frustrante que nunca terminará, sin importar cuánto trabajes en ello. Por supuesto, cuando se trata de software hay muchos bloqueadores de ventanas emergentes y anuncios diseñados para despejar la actividad en línea, pero incluso entonces, sólo es cuestión de tiempo antes de que nuevas molestias rompan las defensas. La mayoría aprendemos que, si vas a pasar tiempo en línea, debes soportar algunas distracciones. Simplemente estarán allí. Lo mismo puede decirse de tus SPDS.

• Si eres padre o madre, sabes que uno de los mensajes incrustados en las rabietas de los niños es "¡hazme caso!" o "¡tómame en serio!". Si satisfaces demandas irracionales ofreciéndole un postre, un juguete o sacando al niño de una situación, el pequeño aprenderá la siguiente lección: "La próxima vez haré esto de nuevo para obtener lo que quiero".

Si discutes e insistes en terminar el arrebato de inmediato, quizá encontrarás una demostración de emocionalidad aún más intensa. La mayoría de los padres se da cuenta de que los niños se sienten abrumados de vez en cuando y, cuando lo hacen, te lo hacen saber… de formas muy desagradables. Aceptar esa inevitabilidad y ser estratégico en la respuesta son partes importantes de una paternidad eficaz. Pensar en tus SPDS como un padre ante los berrinches abre oportunidades para explorar nuevas maneras de comprender, tolerar y responder a la ansiedad.

- Hay innumerables formas para pensar en la ansiedad como nada más que una colección de molestias inconvenientes que podemos tolerar. Es útil comparar tus SPDS no deseados con ejemplos personalmente significativos de molestias diarias. Observa si puedes pensar en eventos de tu vida que desearías eliminar, pero no puedes. He aquí algunos ejemplos para comenzar. Los SPDS son como:

  - Invitados inesperados y no deseados en un evento social.
  - Pasajeros de avión ruidosos o malolientes.
  - Chicle en el zapato o una mancha notable en la camisa.
  - Tu pareja roncando al lado de la cama.
  - Gente que usa el celular en el cine.
  - Vecinos desconsiderados que tienen una fiesta ruidosa.
  - Canciones malas y pegajosas para comerciales de productos que ni te gustan.

Piensa en las molestias de tu vida que aprendiste a tolerar y responder de manera efectiva a través de la experiencia. ¿Sería útil pensar así en la ansiedad (en específico) y en los SPDS (en general)?

Un poco de humor

Cuando te ataca la ansiedad, la perspectiva de usar el humor para responder no parece una buena idea. Después de todo, si has sentido una ansiedad intensa y alguien conocido hace una broma al respecto, parece insensible, despectivo y nada útil. Por otro lado, si tu reacción inicial a la ansiedad es "tengo miedo y necesito hacer algo al respecto", responder con fascinación, interés y sí, incluso un poco de humor, te ayudará a ver que no es tan malo. Claro, si decides que tomar la ansiedad a la ligera no es lo tuyo o que es algo que prefieres usar poco, está bien. Lo importante es permitir una respuesta flexible a la ansiedad. El humor sólo es otra opción para relacionarte con tu experiencia interna de forma diferente.

Sarcasmo

Cuando los niños pequeños se sienten abrumados por emociones difíciles hay pocas cosas que les molesten más que un adulto con tono condescendiente diciendo: "Lo sé. Lo sé. Es *taaaan* difícil ser tú". Cuando veo que los padres y sus hijos tienen interacciones como ésta, a menudo me imagino que el niño piensa: "¡*No* lo sabes! ¡No tienes idea!". Como adultos tendemos a ser más cautelosos que los niños a la hora de revelar nuestras emociones auténticas, en parte porque reconocemos que es posible que otros no "lo entiendan". Es doloroso cuando nos ponemos en una posición vulnerable y no recibimos el apoyo que nos gustaría.

Lo interesante es que usar este tipo de respuesta en nosotros tiene un impacto muy diferente. Cuando la ansiedad ya nos atrapó, un poco de sarcasmo trae algo de ligereza a la situación. Sé que cuando me siento ansioso por algo y, a pesar de saber lógicamente que exagero una amenaza, la ansiedad persiste, sonrío y me siento más preparado para tolerar una leve molestia cuando me digo (con tono condescendiente, obvio): "Es *taaaan* difícil ser yo". Es un pequeño recordatorio de que mi evaluación inmediata del sentimiento no es la única ni la mejor forma de pensar en él.

Otra forma de usar el humor en forma de sarcasmo es con reacciones mentales a la ansiedad que muestren un reconocimiento falso, como: "¡Gracias por los recordatorios constantes, cerebro! Estaba a punto de relajarme y disfrutar de mi velada, pero ahora, gracias a ti, ¡estoy agotado y preparado para un peligro que no existe! ¡Muchas gracias!". Puede ser muy simple tipo: "Gracias, mente". Otra forma (más ligera y tolerante) es responder con una evaluación práctica como: "Ahí está ese pensamiento de nuevo. Sólo es una cosa que hago. Es bueno que lo haga porque, de lo contrario, nunca recordaría estar ansioso".

Bromas internas

Responder a la ansiedad con un humor con el que tengas una conexión especial es una buena forma de usar una experiencia privada, una broma interna, para relacionarla con la ansiedad y tus SPDS. Aquí tienes un ejemplo personal. Soy un gran fanático de las películas de Rocky. Uno de mis momentos favoritos es en *Rocky III*, cuando, después de absorber una serie de golpes aplastantes, Rocky se burla de su oponente y dice: "¡No eres tan malo! ¡No eres tan malo! ¡No eres nada!". Claro, esta escena no significa nada para la mayoría de la gente, pero me encanta. Cuando me siento ansioso e imagino la voz de Rocky en mi mente diciéndole a mi ansiedad que "no es tan mala" y que "no es nada", tiendo a divertirme lo suficiente como para reconocer el sentimiento, crear algo de espacio y pensar sobre cómo trabajar en algo que "no es tan malo".

Se dice que William Shakespeare era fanático de los insultos creativos. En la obra *Enrique IV* usó uno gracioso y que es útil en el contexto de cambiar tu relación con la ansiedad. En el siglo xvi la palabra *catástrofe* se usaba para referirse al final de algo y Shakespeare la usaba para hablar del trasero de una persona. Por lo tanto, el insulto de Shakespeare "¡Te acaricio la catástrofe!" fue el equivalente al "¡Te patearé el trasero!" del inglés actual. Si quedas atascado en pensamientos catastróficos hay pocas respuestas más apropiadas que decirle a tu mente que le acariciarás la catástrofe para enseñarle a tu ansiedad quién manda.

Otras formas de aportar ligereza relevante de manera personal a tus SPDS incluyen pensar en tus sensaciones moviéndose al ritmo de una canción que amas u odias, decir tus fantasías ansiosas en voz alta imitando un personaje de dibujos animados e imaginar a un superhéroe volando fuera de la habitación o corriendo a través de las paredes en una expresión exagerada de la necesidad de escapar. No hay una forma correcta de hacer esto, así que ponte creativo mientras encuentras formas de relacionarte con la ansiedad y tus SPDS de maneras nuevas, aceptables, compasivas, flexibles y, sí, incluso divertidas.

Tus ejemplos

Tras revisar las sugerencias para crear espacio para tus SPDS o relacionarte con ellos de otro modo, ¿cuál sería más útil para recordar? Escribe en tu cuaderno las ideas que te gustaron y conceptos con tus palabras. ¿Hay molestias en tu vida comparables con tus SPDS? ¿Qué hay de las ideas, experiencias, historias, metáforas o chistes internos memorables de tu vida que podrían ayudarte con la perspectiva de tus SPDS?

¿CÓMO AYUDA ESTO? ¿QUÉ SIGUE?

Cuando se trata de relacionarse con la ansiedad, es valioso ser abierto, flexible y tolerante. Comprender que la ansiedad y otras emociones consisten en sensaciones, pensamientos, deseos y sentimientos (SPDS) hará que reconozcas con mayor facilidad los elementos de la ansiedad para responder con una aceptación sin prejuicios en el momento presente antes de tomar una decisión sobre qué hacer a continuación. La práctica diaria, tanto en situaciones neutrales como emocionales, te preparará para "aceptar y redirigir", sobre todo en los casos donde la ansiedad se resista a las tácticas orientadas al cambio.

Aunque el concepto de aceptar tus SPDS es sencillo, la práctica puede ser desafiante. Los métodos que aquí se presentan para crear cierta distancia entre tus SPDS y tú facilitarán el proceso de aceptación. Estas estrategias incluyen etiquetar las experiencias internas, reinventarlas como molestias inofensivas y usar el humor para cambiar tu relación con ellas.

En el próximo capítulo revisaremos los conceptos de este libro que pueden ser difíciles de entender o implementar. Las respuestas a preguntas sobre la teoría y la práctica del manejo de la ansiedad se presentarán antes de pasar al capítulo final del libro y desarrollar un plan personalizado para enseñarle a tu ansiedad quién manda.

Resumen del capítulo: PUNTOS CLAVE

✓ Las cuatro experiencias internas de ansiedad y otras emociones se pueden resumir con las siglas SPDS: sensaciones, pensamientos, deseos y sentimientos.

✓ Las evaluaciones de amenazas de SPDS hacen que la ansiedad y los deseos de evitación parezcan señales que debemos tomar en serio.

✓ Aprender a aceptar más SPDS nos permite relacionarnos con la ansiedad de forma objetiva en el momento presente, lo que abre oportunidades para responder de maneras flexible a las demandas cognitivas, emocionales o conductuales de la situación.

✓ En lugar de asustarnos por los SPDS y responder con conductas de seguridad, podemos evaluarlo como sólo una colección de experiencias internas, molestias inofensivas, incluso procesos divertidos, lo que nos da cierta perspectiva y nos ayuda a crear un espacio para decidir cuál es la mejor manera de responder.

11

Respuestas a tus preguntas

¿La ansiedad "sólo está en mi mente"?

La ansiedad se entiende mejor como una interacción compleja de pensamientos, respuestas físicas, etiquetas emocionales y comportamientos. Es cierto que tu mente juega un papel importante en tu experiencia de ansiedad, pero tu historia personal, rasgos y patrones de evitación también son importantes. Enfatizo el aspecto cognitivo de la ansiedad (las fantasías ansiosas) para ayudarte a reconocer y responder con eficacia a las creencias que desencadenan la ansiedad o dificultan su manejo. Saber que la ansiedad aumenta cuando identificas una amenaza, haces predicciones catastróficas y crees que no podrás afrontar, te ayudará a captar estas ideas, observarlas de forma objetiva y tomar decisiones sobre cómo responder. Usando las herramientas de este libro tus respuestas a las fantasías ansiosas pueden incluir ideas más realistas, directrices útiles, aceptación, autocompasión y un compromiso con el comportamiento valorado. La ansiedad no sólo está en tu mente, pero entre más identifiques y entiendas el elemento cognitivo, más fácil será desarrollar un plan a largo plazo para manejar la ansiedad cuando aparezca.

¿Por qué me siento ansioso cuando no hay una amenaza o un desencadenante claros?

La ansiedad puede ser confusa cuando no sabemos de dónde viene. Una cosa es que te sientas ansioso porque estás ante una situación que parece abrumadora, pero si no hay una causa identificable, ¿qué se supone que debes hacer? Si ya practicaste la aceptación consciente (consulta el ejercicio del capítulo 10), quizá ya notaste que, incluso en situaciones tranquilas y neutrales, todavía hay demasiada actividad interna. Muchas personas que luchan con la ansiedad descubren que la agitación interna en sí provoca ansiedad. Por ejemplo, si estás en la playa, tratando de relajarte y notas que el corazón te late rápido y el estómago se siente extraño, puedes evaluar estas respuestas corporales como una amenaza ("¿por qué mi cuerpo está tan activo cuando estoy tratando de relajarme?") y empieces a preocuparte por las causas y consecuencias de esta misteriosa experiencia interna. Aprender a identificar tus SPDS, aceptarlos sin juzgar y redirigir tu atención a lo que importa en el momento te ayudará a relacionarte de manera más efectiva con la agitación interna que no tiene una causa clara.

Sé que la percepción de amenazas conduce a la ansiedad, pero ¿por qué no puedo calmarme cuando ya sé que no estoy en peligro?

Si la respuesta de miedo se inicia por una amenaza física, un desafío situacional o una fantasía ansiosa, tu cerebro y cuerpo responden para prepararte para la acción… y la agitación interna anda por ahí un tiempo. Claro, esto es bastante útil si de verdad estamos en peligro, pero es frustrante cuando la ansiedad sigue después de darnos cuenta de que estamos a salvo. Para calmarme después de una falsa alarma, me gusta imaginar que mi cerebro responde con: "¿Estás seguro? Yo no. Mejor te sigo recordando que te prepares por si acaso". Entender así tu respuesta te ayuda a apreciar que, en el caso de que algún día te encuentres en verdadero peligro, tu cerebro trabajará muy duro para avisarte y recordártelo. También es útil tener en mente que esforzarte para calmarte le da más importancia (percepción de amenaza) a tu agitación física, haciendo que persista. En esos momentos fíjate si puedes aceptar tus reacciones corporales sin juzgar y recuerda que la agitación disminuirá por sí sola con el tiempo.

¿Cómo explico la ansiedad a amigos y familiares que no entienden lo que estoy pasando?

La decisión de compartir tus luchas con la ansiedad es muy personal. Algunas personas en tu vida pueden estar realmente interesadas en saber más sobre tu experiencia y qué hacer cuando estás pasando por un momento emocional difícil. Por mucho que te guste ser abierto con los demás sobre la ansiedad, es difícil saber cómo hacerlo o qué expresar. Una forma de abordarlo es escribir de antemano las cosas más importantes que te gustaría que los demás supieran. Los ejemplos incluyen:

- *La ansiedad puede ser difícil para mí, pero estoy explorando nuevas formas de relacionarme con ella.*
- *Antes evitaba las cosas que me ponían ansioso, pero ahora estoy tratando de trabajar en mis emociones para hacer lo que valoro.*
- *Quiero correr riesgos más significativos, incluso si la ansiedad llega durante el viaje, y lo estoy haciendo a un ritmo que me parece razonable.*

- *Seguro me sentiré más ansioso cuando enfrente nuevos desafíos, pero es un sacrificio que estoy dispuesto a hacer para vivir en mis términos, no en los de ansiedad.*
- *Tengo un plan para cambiar y, en este momento, no necesito ningún consejo, pero de verdad agradezco tu apoyo y la voluntad de estar ahí para mí.*

¿Cuál es la relación entre ansiedad y depresión?

La ansiedad y la depresión tienden a coexistir. Esto no es demasiado sorprendente si consideramos sus características compartidas. A nivel cognitivo, ambas están influenciadas por preocupaciones sobre el control personal. Con la ansiedad, podemos juzgar que los eventos incontrolables (como las preocupaciones, la agitación física y los eventos inciertos del futuro) son inaceptables, por lo que dirigimos nuestra atención hacia la resolución de estas preocupaciones y nos frustramos cuando no somos recompensados por nuestros esfuerzos. Con la depresión creemos que hemos perdido el control a tal punto que no podemos ser eficaces, estar motivados o alegres. A nivel conductual, ambas se caracterizan por bajos niveles de actividad. En la ansiedad se prioriza la evitación por seguridad, lo que limita la participación en un comportamiento desafiante pero significativo. En la depresión, la inactividad y el aislamiento nos protegen de la decepción de no obtener mucha alegría o logro de las actividades que normalmente valoramos.

Los síntomas de depresión y ansiedad pueden superponerse o influirse entre sí. Por ejemplo, la incapacidad para controlar o superar la ansiedad lleva a una sensación de desesperanza y depresión. Y la necesidad de superar la depresión y volverse más activo puede generar ansiedad cuando se presenta la perspectiva de asumir un desafío conductual.

Por difícil que sea controlar tanto la ansiedad como la depresión, es bueno recordar que las características cognitivas y conductuales que comparten las hacen receptivas a algunas de las mismas estrategias. Las tácticas generales que pueden ser útiles para ambas incluyen:

- Reconocer las trampas del pensamiento y responder con creencias más realistas y útiles.
- Relacionarse con la experiencia interior con mayor aceptación y autocompasión.
- Trabajar en las emociones difíciles para participar en actividades significativas que promuevan el placer, el dominio y un sentido de control personal.

¿Cuál es la diferencia entre estrés y ansiedad?

El estrés es una respuesta a los factores estresantes: las situaciones y los estímulos ambientales que nos desafían. Algunos factores estresantes, como los eventos traumáticos o importantes de la vida, tienen un efecto dramático e inmediato en la respuesta al estrés. Otros, como las molestias diarias, provocan reacciones de estrés cuando las encontramos con frecuencia. A nivel emocional, el estrés se expresa de diversas formas: ansiedad, depresión o irritabilidad. Las condiciones estresantes pueden dificultar el manejo de la ansiedad. Cuando las circunstancias estresantes en la vida te estén poniendo a prueba, pon más atención a tus SPDS, date crédito por superar la ansiedad y tente paciencia si las cosas parecen más difíciles de manejar de lo normal.

A menudo me preguntan sobre las mejores formas de lidiar con el "estrés y la ansiedad". Me gusta señalar que el estrés y la ansiedad son diferentes y las estrategias que usamos para manejarlos también deberían serlo:

- Para manejar el estrés: reducir los desafíos y adoptar estrategias de afrontamiento centrado en las emociones, como la relajación.
- Para manejar la ansiedad: aceptar desafíos, reducir la evitación y aceptar emociones auténticas con compasión.

Parece muy laborioso usar hojas de trabajo o un cuaderno para completar los ejercicios de este libro. ¿Por qué no puedo sólo pensar mis respuestas?

No siempre es fácil enfrentar las experiencias y situaciones internas que hacen a la ansiedad tan incómoda. Si dependes en gran medida de las estrategias de evitación cognitiva (como la preocupación o la distracción) puede parecer que estás nadando en un mar de pensamientos abrumadores o haciendo todo lo posible por mantenerte alejado de los que más te desagradan. La mayoría de las personas que tienen dificultades con la ansiedad ya están demasiado envueltas por su experiencia interior. Escribir ideas clave facilitará aclarar tus pensamientos, prepararte para problemas prácticos y desarrollar planes específicos para responder a la ansiedad con lógica, utilidad y autocompasión. En mi experiencia, a las personas que completan los ejercicios escritos en este libro les resulta más fácil comprender sus desafíos únicos relacionados con la ansiedad y aplicar una combinación saludable de estrategias de cambio y aceptación.

¿Qué tienen de malo las estrategias saludables como comer bien, dormir lo suficiente, meditar, hacer ejercicio y respirar profundo para manejar la ansiedad?

Las actividades como éstas, que promueven la salud, deben formar parte de tu vida. No puedes equivocarte con las elecciones de estilo de vida que te ayudan a mejorar tu estado de ánimo, controlar el estrés y mejorar tu salud. Pero por muy valiosos que sean estos comportamientos, en el contexto del manejo de la ansiedad, existen numerosos inconvenientes:

- Impactan en la ansiedad de manera irregular.
- A menudo son poco prácticos, en especial en el automóvil, en el trabajo, en la escuela o en otros ambientes controlados.
- Cuando se usan para reducir la ansiedad, pronto se convierten en conductas de seguridad centradas en las emociones que refuerzan la creencia de que la ansiedad se aborda mejor tratando de controlarla.

El cuidado de tu salud física es importante, pero existe un límite en lo que estas actividades pueden ofrecerte. Para el manejo de la ansiedad, concéntrate en cambiar tu relación con la ansiedad con las tres estrategias fundamentales (predicciones útiles, actuar, aceptar y redirigir) enfatizadas en este libro.

¿Por qué me siento más ansioso cuando me digo "sólo supéralo", "deja de preocuparte" o "relájate"?

Aunque sería maravilloso poder apagar la ansiedad con un comando similar a un interruptor… no se puede. Cuando nos damos estos mensajes, reforzamos la creencia de que la ansiedad es intolerable y debe abordarse antes de que podamos funcionar. Relacionarse con la ansiedad de esta manera es consistente con ver tu experiencia interna como una amenaza, lo que intensificará la experiencia de ansiedad que ya existe.

¿Por qué te enfocas tanto en las fantasías ansiosas y la evitación cuando es el sentimiento de ansiedad lo que me crea problemas?

El aspecto emocional de la ansiedad es más notable y menos sensible al cambio que los aspectos cognitivos y conductuales. Es fácil estar tan distraído por los sentimientos de ansiedad que pasamos por alto el impacto de nuestros pensamientos y comportamientos. Poner atención a las fantasías ansiosas y la evitación te ayudará a reconocer de dónde proviene la ansiedad y por qué persiste. También podrás explorar estrategias de cambio y aceptación que no habías considerado antes.

No me convence el concepto de manejar la ansiedad buscando nuevas formas de responder a ella. Otras personas no luchan con la ansiedad como yo, entonces, ¿por qué no puedo aprender a reducirla o controlarla como ellas?

La ansiedad es una respuesta emocional normal y todo el mundo la experimenta, al menos en ocasiones. Cerca de una quinta parte de los estadounidenses cumple los criterios para un trastorno de ansiedad. Aunque parezca que los demás manejan la ansiedad mejor que tú, no a todos les generan ansiedad las mismas cosas. Además, los que parecen no tener problemas con la ansiedad tal vez confían en la evitación u otras conductas de seguridad que no ves; no revelan su angustia interna a los demás o encontraron algunas formas de relacionarse con ansiedad sin eliminarla.

Aunque es difícil saber cuánto luchan los demás con la ansiedad o qué hacen para controlarla, los principios de este libro son consistentes con las estrategias basadas en evidencia que usan los médicos para ayudar a los pacientes con ansiedad y trastornos relacionados. Si tus intentos por reducir la ansiedad no han dado sus frutos hasta este momento, te resultará útil cambiar tu relación con la ansiedad utilizando los métodos de este libro.

Cuando me siento ansioso, no siempre noto fantasías ansiosas. ¿Qué debería hacer entonces?

A veces resulta complicado identificar los pensamientos que contribuyen a la ansiedad. Para que sea más fácil, cuando te sientas ansioso pregúntate lo siguiente para dirigir tu atención a las predicciones sobre amenazas y afrontamiento que exacerban la ansiedad:

- "¿Qué creo que pasará?"
- "Cuando suceda, ¿cuáles serán las consecuencias?"
- "¿Qué puedo hacer al respecto?"

Ya que identifiques uno o más pensamientos, escríbelos para ver si eso te da más claridad. La mayoría de las veces, incluso si no puedes relacionar la ansiedad con los desafíos de una situación específica, debes identificar algunas preocupaciones relacionadas con la experiencia de la ansiedad en sí. Por ejemplo, supongamos que notas sensaciones físicas incómodas y recurres a fantasías ansiosas para explicarte qué significan, qué sucederá a continuación y cómo podrías afrontarlas.

Si no puedes notar los pensamientos que acompañan a la ansiedad, tu capacidad mejorará con la práctica. Incluso si las fantasías ansiosas no son evidentes, puedes emplear las herramientas basadas en la aceptación para reconocer tus SPDS y redirigir tu atención y comportamiento a lo que preferirías estar haciendo.

Intento pensar de forma positiva, pero eso no ayuda mucho. ¿Qué estoy haciendo mal?

Todos hemos escuchado sobre el supuesto valor del pensamiento positivo, y parece bastante razonable suponer que, si tenemos buenos pensamientos, miramos el lado positivo o nos decimos que todo saldrá bien, nos sentiremos y funcionaremos mejor.

Por muy bonito que parezca, confiar en el llamado pensamiento positivo para superar una situación difícil causa problemas cuando no creemos de verdad en las cosas que nos decimos. Si alguna vez has intentado convencerte de que una conversación difícil saldrá bien, los resultados de las pruebas serán favorables, agradarás a todos o podrás superar cualquier obstáculo, ¿cómo respondiste a estas sugerencias? A menudo estos intentos de ser positivos conducen a un agotador intercambio cognitivo en el que cada escenario del mejor de los casos es desafiado por recordatorios de los resultados del peor de los casos para que estés listo "por si las dudas".

En algunos casos el pensamiento positivo es útil. Por ejemplo, si eres demasiado crítico contigo o sólo te concentras en los aspectos negativos de tus experiencias, reconocer tus cualidades o éxitos puede traer más equilibrio a tu pensamiento, lo que facilita seguir adelante cuando las cosas parecen desesperadas. Pero cuando haces predicciones sobre el futuro, el pensamiento positivo parece más una ilusión y cualquier contratiempo que no coincida con tus expectativas se vuelve mucho más difícil de manejar. Para el manejo de la ansiedad, responder a fantasías ansiosas, no con pensamiento positivo, sino con predicciones realistas y útiles, te preparará para abordar una variedad de resultados emocionales y conductuales.

Si creo que va a pasar algo malo, ¿cómo saber si es una preocupación realista o una fantasía ansiosa?

Cuando se trata de pensar en el futuro, siempre habrá incertidumbre. Lo mejor que podemos hacer es considerar la probabilidad de que se produzca un revés, según la experiencia previa y lo que sabemos sobre un próximo desafío. Si das una mirada objetiva a la evidencia a favor y en contra de un revés, y concluyes que es probable que ocurra algo difícil (o poco probable pero suficientemente impactante como para tomarlo en serio) puedes preparar algunas estrategias cognitivas y conductuales para trabajar en el desafío potencial de la manera más eficaz posible.

Cuando lidias con fantasías ansiosas te das cuenta de que la incertidumbre es difícil de tolerar o que no hay pruebas (fuera de tus pensamientos, sentimientos y sensaciones) que sugieran que pasará algo malo. También puedes notar, después de reflexionar un poco, que la probabilidad de un evento catastrófico es mucho menor de lo que creías al principio o que tu capacidad para afrontar desafíos similares en el pasado fue adecuada y probablemente volvería a serlo. Si es así, puedes identificar las fantasías ansiosas y luego tomar decisiones sobre si responder con predicciones más realistas y útiles o sólo "aceptar y redirigir".

Un último punto para recordar: incluso si las predicciones sobre los síntomas de ansiedad ("mis pensamientos estarán acelerados, desearé hacer algo para calmarme, me sudarán las manos") son realistas, las predicciones sobre *sus consecuencias* ("no seré capaz de concentrarme en otra cosa, tendré que irme, la gente no dejará de mirarme") podrían no serlo. Lo más importante que debes recordar aquí es que, ya sea que estés lidiando con preocupaciones realistas o fantasías ansiosas, tienes opciones para responder de modo flexible con planes útiles, aceptación, autocompasión y priorizar el comportamiento valorado por encima de la evitación.

Intento responder a las fantasías ansiosas con predicciones útiles, pero las primeras siguen apareciendo. ¿Cómo me deshago de ellas?

Muchas fantasías ansiosas son respuestas aprendidas a amenazas percibidas. Las personas que tienen dificultades con la ansiedad a menudo presentan un largo historial de pensamientos que exageran la amenaza y subestiman su potencial para afrontar. Por más agradable que sea eliminar para siempre las fantasías ansiosas, debido a una práctica constante, estas respuestas aprendidas resistirán tus esfuerzos por cambiarlas. Por eso es importante aprender a responder a las fantasías ansiosas en lugar de intentar detener-las por completo. Con la práctica y la evidencia para respaldar nuevas formas de pensar, es posible descubrir que tus fantasías ansiosas empiezan a declinar por sí solas, sin tratar de controlarlas. Un beneficio final de permitir que existan es que te ayuda a ver que, a veces, un pensamiento que provoca ansiedad es "sólo un pensamiento" y no tienes que invertir en él o tomarlo en serio.

Responder a las fantasías ansiosas con lógica y utilidad requiere mucho tiempo y esfuerzo, y no siempre me ayuda a sentirme menos ansioso. ¿Qué debo hacer?

Es bueno ser selectivo sobre qué pensamientos trabajas y tratas de reestructurar. Si hay ciertos temas o patrones mentales que te causan más problemas que otros o si te preocupa un desafío próximo, date un tiempo para escribir tus inquietudes y las respuestas reestructuradas que deseas recordar cuando te sientas a prueba. Aunque no siempre sea práctico examinar y responder a todas tus fantasías ansiosas cuando aparecen, muchas personas descubren que cuanto más practican esta habilidad, más fácil es corregir los sesgos al pensar espontáneamente, sin mucho esfuerzo. Respecto a la intensidad de la ansiedad, reestructurar las fantasías ansiosas te ayudará a pensar de manera realista sobre el futuro para que puedas resolver problemas, prepararte y aumentar el control personal; estos resultados también reducen la ansiedad. Por otro lado, habrá momentos en los que pensar y planear no tendrán un impacto en la ansiedad en sí. En esos casos es bueno practicar las habilidades de aceptación y recordar que, por lo general, la ansiedad disminuye por sí sola, que la ansiedad y la incertidumbre son tolerables y que es preferible trabajar en tu ansiedad para participar en un comportamiento valorado que confiar en conductas de seguridad como la evitación.

¿Puedes darme algunos ejemplos de fantasías ansiosas que no responden bien a la reestructuración cognitiva?

Las preocupaciones sobre preguntas sin respuesta, eventos incontrolables y aspectos inciertos del futuro responden mejor a la aceptación, la tolerancia, la curiosidad y la autocompasión que al análisis lógico. A continuación se muestran algunos ejemplos de inquietudes difíciles o imposibles de resolver:

- "¿Hay conflictos o motivaciones inconscientes detrás de los pensamientos extraños, aterradores u ofensivos que tengo?"
- "¿Cuál es el significado de la vida? ¿Cómo puedo tomar siempre la decisión correcta? ¿Estoy destinado a estar solo? ¿Cuándo moriré y qué pasará cuando lo haga?"
- "¿Puedo confiar en que mi pareja será leal para siempre? ¿Me mantendré estable en el ámbito financiero? ¿La gente me juzgará con dureza? ¿Tendré una enfermedad?"

Es normal preguntarse estos temas y siempre tenemos la opción de dedicar tiempo a la introspección o a explorar la información disponible para proporcionar más claridad. Pero cuando respondemos a nuestras preocupaciones con ejercicios mentales interminables e insatisfactorios que aumentan la angustia, es valioso explorar otras formas de relacionarnos con las ideas que traen más preguntas que respuestas. Aunque parezca contradictorio, es liberador reconocer que estas preguntas existen y persistirán; que son incontestables; que la incertidumbre es difícil de aceptar, pero es tolerable; y que aún podemos funcionar con eficacia a pesar de la existencia de algún ruido mental y la necesidad de establecer una mayor certeza.

Si "trabajar en" la ansiedad es mejor que la evitación, ¿por qué me siento más ansioso cuando trato de pensar detenidamente en mis preocupaciones y sus soluciones?

Al principio es normal que la ansiedad aumente cuando estamos expuestos a pensamientos o situaciones que provocan ansiedad. Enfrentar una preocupación importante no es fácil, pero el valor de dar claridad a un problema y hacer planes para abordarlo supera cualquier alivio temporal que obtengamos al evitarlo. Dicho esto, el proceso de "trabajar en" no implica sacar todos los detalles de tus pensamientos y luego hacer planes. "Trabajar en" también se refiere a aceptar experiencias internas difíciles sin juzgar mientras rediriges la atención y el comportamiento hacia lo que valoras. "Trabajar en" se entiende mejor como un medio para lograr un fin: usa las herramientas disponibles para responder a la ansiedad adecuadamente en el momento, de modo que puedas poner atención a otras ideas y actividades más significativas.

¿Cómo "actúo" cuando me siento ansioso en clase, conduciendo, en el cine o en alguna otra situación que me obliga a estar quieto?

Si ya participas en esas actividades y, a pesar de la ansiedad y los deseos de evitación, sigues, tu respuesta es consistente con el principio de actuar. Claro, cuando estás quieto, es más desafiante lidiar con la agitación interna porque no puedes usar esa energía a tu favor aportando más intensidad a lo que estás haciendo en ese momento. Por otro lado, cuando te sientas ansioso mientras estás sentado o en otras situaciones controladas, es una buena oportunidad para practicar tus habilidades de "aceptar y redirigir" y hacer todo lo posible para regresar tu atención al conferenciante, camino, pantalla de cine o lo que sea que quisieras notar además de tu ansiedad.

Cuando me siento demasiado ansioso es difícil concentrarme en otra cosa. ¿Está bien confiar en conductas de seguridad cuando no creo que pueda superar la ansiedad?

El uso sensato de las conductas de seguridad puede dar sus frutos a medida que aprendes a superar las emociones difíciles durante los experimentos conductuales u otras actividades que provocan ansiedad. Si la decisión de evitar o participar en un comportamiento valorado se reduce a participar o no en una conducta de seguridad, no hay nada malo en hacer algo que te haga sentir un poco más cómodo en situaciones que de verdad te ponen a prueba. Pero las conductas de seguridad refuerzan la creencia de que la ansiedad es peligrosa y desvían la atención de experiencias más significativas en el presente. Si decides confiar en las conductas de seguridad al principio para ayudarte a superar la ansiedad, observa si puedes reducir de forma gradual el uso de estas tácticas con el tiempo y en diferentes situaciones.

Mencionas que, en lugar de dejar que la ansiedad me controle, debo dejar que mis valores guíen mi comportamiento. ¿Cómo puedo tener claros mis valores?

Hay diferentes formas de pensar en el comportamiento valorado. Las actividades dentro de ciertos dominios (académico, interpersonal, financiero, vocacional, caritativo, espiritual, de salud, intelectual, artístico) que te dan un sentido de significado y propósito son ejemplos claros del comportamiento valorado. Dar prioridad a estas actividades mejora tu estado de ánimo y te da una sensación de logro. Para algunas personas la necesidad de controlar los síntomas de la ansiedad interfiere con el comportamiento valorado y lleva a la evitación. Hacer planes para participar con regularidad en las actividades que valoras es una forma de demostrarte que la ansiedad no te controla.

Cuando los patrones de evitación son generalizados y persistentes o cuando la depresión concurrente conduce a una pasividad extrema, es más difícil identificar el comportamiento valorado. Quedamos atrapados en trampas del pensamiento como: "No puedo hacer nada bien" o "Nada parece tan valioso como para intentarlo". Aquí podríamos reconocer que las distorsiones cognitivas están interfiriendo con el funcionamiento y que dar pequeños pasos hacia la exploración de actividades que *podrían* ser gratificantes conducirán a mejores resultados de salud mental que evitar por completo. Quizá hay actividades que valorabas y te gustaría volver a intentar o comportamientos que pensaste mejorar, pero no lo hiciste por los obstáculos emocionales. Cuando es difícil identificar un camino de comportamiento claro, dar algunos primeros pasos manejables hacia actividades que te brindan pequeñas victorias y un sentido de autoeficacia te brindará oportunidades para aprender qué te da un sentido de propósito.

Una forma final y sencilla de pensar en el comportamiento valorado es: "¿Qué estarías haciendo si la ansiedad no existiera?". Cuando debes elegir entre manejar tus emociones mediante la evitación y otras conductas de seguridad o "seguir haciendo lo que estoy haciendo" es difícil equivocarte si dejas que la ansiedad haga lo suyo en segundo plano mientras rediriges a lo que valoras en el momento.

Intento planear experimentos conductuales, pero me abrumo y no puedo empezar o sufro demasiado en el proceso.
¿Debería renunciar?

Hay dos grandes soluciones a este problema. La primera es dar primeros pasos más pequeños. Si no estás listo para probar tus predicciones porque un experimento conductual es demasiado difícil, elije un desafío más fácil; empieza con el primer paso o una parte más pequeña de una tarea; practica en un contexto familiar o menos exigente; dedica menos tiempo o usa (de forma selectiva) una conducta de seguridad antes de intentar hacer más. La segunda solución es planear un poco más. Identifica qué tanto estás listo para participar en el comportamiento; tus expectativas de comportamiento, ansiedad o reveses; y tus planes para responder a los spds o problemas prácticos que se presenten. Empezar con cambios razonables y prepararte para los desafíos situacionales o psicológicos te ayudará a avanzar y minimizar la probabilidad de contratiempos.

He oído de personas con fobias a quienes sus terapeutas animan para hacer tareas de exposición que provocan más ansiedad de la que encontrarían en su vida cotidiana. ¿Para qué sirve? ¿Yo también lo debo hacer?

Trabajar en desafíos que provocan ansiedad que interfiere con tu capacidad de funcionar es muy poderoso. La sensación de alivio que surge al hacer algo muy difícil es suficiente para que digas: "Está bien, problema resuelto. Ahora puedo dejar de trabajar en esto".

El problema principal con esta mentalidad es que, al introducir un límite a los desafíos que enfrentas, es posible que estés menos dispuesto a correr riesgos en situaciones nuevas y difíciles que se presenten. Aceptar mayores oportunidades de comportamiento, por periodos de tiempo más largos y en situaciones variadas, apoya la idea: "No importa cuán ansioso me sienta, puedo aceptarlo, relacionarme con él sin juzgarlo, superarlo y hacer lo que quiera en mis términos". No sólo eso, sino que además de apreciar las mejoras en la confianza, la resistencia y el control personal que obtienes al probar los límites de lo posible, también llegas a un punto en el que, en vez de tolerar la ansiedad, te resulta divertido o aventurero ser creativo y buscar desafíos más grandes y exigentes. Te invito a buscar oportunidades para crecer, ya sea a través de exposiciones planeadas o aceptando desafíos cuando se presenten. Ambas tácticas harán más fácil enseñarle a tu ansiedad quién manda.

Algunos de mis pensamientos son tan extraños y perturbadores que no puedo con la idea de sólo "aceptarlos". ¿Cómo me ayudará la aceptación si estos pensamientos nunca se detienen o me llevan a hacer algo de lo que realmente me arrepienta?

La vida sería mucho más fácil si pudiéramos eliminar las ideas que nos molestan. Por desgracia, la mayoría de nuestros pensamientos no deseados fueron adquiridos y fortalecidos a través de la experiencia, y nuestros esfuerzos por eliminarlos magnifican su importancia y los hacen resistentes a la extinción.

Si tus pensamientos son problemáticos sólo porque su existencia te preocupa y (fuera de sentirte frustrado por la incertidumbre que los acompaña) no tienes un deseo definido de hacer algo destructivo, quizá termines más frustrado y abrumado al tratar de resolverlos con lógica, alejarlos o ignorarlos.

Aprender a relacionarse con los pensamientos no deseados como lo harías con cualquier otro inconveniente inofensivo te ayudará a ver que tus pensamientos, tu comportamiento valorado y tú pueden coexistir. Así como aprendes a tolerar las molestias situacionales en tu vida diaria, tienes el potencial de hacer lo mismo con las rarezas no deseadas de la mente. Cuando aceptas pensamientos intrusivos en lugar de luchar contra ellos, pueden declinar, persistir o molestarte menos; pero pase lo que pase, practicando la aceptación mejorarás tu capacidad para funcionar bien en presencia de tal ruido interno.

Respecto a la preocupación de que hacer algo de lo que te arrepentirías como respuesta a tus pensamientos, es importante hacer una distinción entre la actividad mental no deseada, pero inofensiva, y un deseo sincero de hacer algo destructivo que controlas confiando en la fuerza de voluntad, la disciplina o en ti. Si estás luchando contra el impulso de participar en un comportamiento de alto riesgo, ése es un problema que va más allá de la angustia interna y el manejo de la ansiedad. Si tus impulsos o comportamientos te ponen en peligro (o a los que te rodean) busca ayuda de un profesional con experiencia especializada en el área del comportamiento que te preocupa.

¿Cuál es la diferencia entre evaluaciones y fantasías ansiosas?

Las fantasías ansiosas son las creencias que tenemos sobre el potencial de amenaza, los resultados catastróficos y la incapacidad de afrontar. Estas creencias problemáticas se relacionan con nuestro comportamiento, ciertas situaciones o experiencias internas. Las evaluaciones son nuestros juicios sobre la importancia o el significado de nuestras experiencias internas, que incluyen fantasías ansiosas. Cuando se trata de juicios de nuestros pensamientos que exacerban la ansiedad, puedes pensar en las evaluaciones como fantasías ansiosas... sobre fantasías ansiosas. Aparte de nuestros pensamientos, también podemos evaluar nuestras respuestas físicas, deseos y etiquetas de sentimientos como importantes o peligrosas. Cuando evaluamos estos cuatro aspectos de la ansiedad (nuestros SPDS) como un problema y reflexionamos sobre los contratiempos del pasado o las amenazas del futuro, corremos mayor riesgo de sufrir angustia y disfunción. Cuando nos relacionamos con nuestros SPDS tal como existen en el presente, y cuando las evaluaciones son objetivas y compasivas, mejora nuestra capacidad para manejar la ansiedad.

Intento aceptar y redirigir, pero cuando me distraigo de la ansiedad, me preocupo aún más. ¿Qué puedo hacer?

Piensa en "aceptar y redirigir" como un proceso activo e intencional y en la "distracción" como un intento reactivo de establecer seguridad. La aceptación implica moverse hacia los elementos de la ansiedad, identificarlos y reconocer su existencia sin juzgarlos. Ya que establezcas con qué estás trabajando, puedes redirigir con intención al comprometerte a avanzar hacia algo más útil o atenderlo. En situaciones difíciles (no importa si pasas por este proceso una o muchas veces) demuestras tu voluntad de experimentar una emoción auténtica y tomar una decisión sobre qué hacer a continuación.

Por el contrario, con la distracción, la ansiedad se evalúa como inaceptable o intolerable y rápido intentamos hacer algo más para relajarnos o alejarnos de la emoción. La distracción crea problemas porque aumenta la probabilidad de que dependamos demasiado del afrontamiento centrado en las emociones, como la evitación. Y cuando inevitablemente las preocupaciones ansiosas regresan y exigen atención, nuestra incapacidad para controlarlas o alejarnos de ellas nos lleva a la desesperanza.

Ya medito. ¿Cuál es la diferencia con el ejercicio de aceptación consciente?

Es cierto que el ejercicio de aceptación consciente y la meditación tienen algunas cosas en común, pero es importante reconocer sus diferencias. La principal distinción entre los dos es el propósito de la práctica. Las personas meditan por diferentes razones como relajación, concentración, claridad mental y conciencia espiritual. El ejercicio de aceptación consciente está diseñado para ayudarte a atender, sin juzgar, las cuatro partes de las emociones (tus SPDS) mientras permaneces orientado al presente. Esta práctica es útil para el manejo de la ansiedad porque te ayuda a "aceptar y redirigir" en lugar de quedar atorado en el significado o la importancia de la ansiedad, desanimarte por tener emociones difíciles y concentrarte en las decepciones del pasado o los peligros del futuro. Si piensas en realizar una práctica de meditación que ya usas o una práctica guiada seleccionada al azar a través de una aplicación en tu teléfono, reflexiona si el trabajo te ayudará a desarrollar las mismas habilidades que el ejercicio de aceptación consciente.

¿Con qué frecuencia debo practicar el ejercicio de aceptación consciente? ¿Es una buena idea hacerlo todos los días mientras la ansiedad es difícil para mí?

El ejercicio de aceptación consciente te ayudará a desarrollar habilidades que puedes usar en la vida diaria. Conforme aprendes estas habilidades, es útil practicar el ejercicio diario, tal vez durante una semana o dos. Algunos descubren beneficios al alargar la práctica y, por supuesto, eres bienvenido a practicar con tanta frecuencia como quieras. Es bueno tener en mente que, con el manejo de la ansiedad, la práctica es una herramienta para ayudarte a responder de manera más efectiva cuando te encuentres en situaciones de carga emocional. Entre más trabajes para transferir las habilidades a los eventos de tu vida diaria, mejor.

Recuerda siempre tener presente el propósito de la práctica. Si la usas para mejorar la conciencia y desarrollar habilidades que promuevan la aceptación, es muy bueno usarla con la frecuencia que quieras. Si descubres que la estás usando como conducta de seguridad (por ejemplo, practicas la aceptación consciente justo antes de los eventos que sabes que te provocarán ansiedad o te excusas de situaciones difíciles para completar el ejercicio) sería bueno darle un descanso y ver si puedes aplicar los principios cuando se necesitan en situaciones que presenten un desafío.

Mientras practico estas estrategias, ¿sería útil tomar medicamentos con la ayuda de un terapeuta cognitivo-conductual?

Los métodos presentados en este libro son valiosos para quienes luchan con la ansiedad, pero prefieren una alternativa al tratamiento médico. Por muy útil que pueda ser la terapia cognitivo-conductual, existen algunas limitaciones. Aprender e implementar las estrategias puede ser tardado, su impacto depende de la práctica regular y algunos experimentos conductuales u otras actividades basadas en la exposición.

Aunque muchas personas optan por un tratamiento médico o psicoterapéutico, algunas eligen un enfoque combinado (TCC y medicación). A medida que recopilas información de tu psicólogo, médico u otro profesional de la salud para tomar decisiones informadas sobre el tratamiento de la ansiedad, ten en cuenta que, si decides tomar medicamentos mientras participas en la TCC y sientes una disminución de la angustia emocional, quizá no sea claro qué tanto impactaron las estrategias cognitivas y conductuales. Al reconocer este problema, algunas personas optan por utilizar medicamentos en las primeras etapas de la TCC y, una vez que están abiertas a superar la ansiedad sin medicación, deciden, con la ayuda del médico, suspender o interrumpir el tratamiento. Hay muchas formas de abordar este proceso, pero lo importante es tomar una decisión informada que funcione muy bien para ti y tus objetivos de tratamiento.

¿Cómo sé si debo buscar ayuda profesional?

Si experimentas una angustia o disfunción significativa debido a la ansiedad o cualquier otro problema psicológico, considera trabajar con un profesional que te ayude a entender y responder a los síntomas que más te desafían. Incluso si la ansiedad es un obstáculo menor en tu vida, es más fácil aprender y aplicar los principios de la terapia cognitivo-conductual en este libro con la ayuda de un profesional que tenga experiencia en esta área. A menudo recomiendo a los pacientes que revisemos juntos un libro de autoayuda, para que aprendan los conceptos más rápido y también tener una guía de referencia para mayor claridad. Si las ideas de este libro te parecen útiles, considera usarlas con tu terapeuta o por tu cuenta, como complemento de la psicoterapia.

1 2

Conviértete en quien manda: tu plan en acción

Para aprovechar al máximo los conceptos y estrategias de este libro, es útil desarrollar un plan personalizado para el manejo de la ansiedad basado en tu comprensión de los problemas actuales y los métodos que puedes usar para abordarlos. Los planes más efectivos se crean siguiendo una serie de cuatro pasos:

1. Identifica las preocupaciones específicas relacionadas con la ansiedad que quieres abordar.
2. Considera los patrones de fantasías ansiosas, conductas de evitación, de seguridad y los SPDS internos que hacen que los problemas de ansiedad sean aún más difíciles de tolerar.
3. Crea un plan para manejar la ansiedad y responder a ella de manera más eficaz.
4. Usa los ejercicios, las hojas de trabajo y otras sugerencias de este libro para perfeccionar tu plan, resolver problemas, desarrollar habilidades, dar seguimiento al progreso y hacer planes para mejorar.

Seguro es tentador saltarse este capítulo para empezar a aplicar de inmediato los principios del libro. Para preocupaciones menores, quizá no necesitas planear mucho más allá de "pensar de maneras más realistas y útiles, priorizar la acción por encima de la evitación y ser más tolerante con las experiencias internas". Pero para problemas más desafiantes, es importante ser específico y definir con qué estás trabajando y cómo piensas responder. Cuando planeas con cuidado las situaciones que más te ponen a prueba, es más fácil ver la conexión entre tus estrategias y sus resultados, identificar las que funcionan bien, tolerar contratiempos ocasionales y enfocarte en áreas adicionales para mejorar.

Los ejercicios de este capítulo te ayudarán a pasar por el proceso de desarrollar un plan eficaz para el manejo de la ansiedad. Tus respuestas a las siguientes cuatro preguntas darán información a tu plan y mejorarán tus posibilidades de obtener resultados exitosos:

1. ¿Cómo interfiere la ansiedad con tu vida?
2. ¿Por qué persiste la ansiedad?
3. ¿Qué hacer?
4. ¿Cómo lo harás?

PASO 1: ¿CÓMO INTERFIERE LA ANSIEDAD CON TU VIDA?

En términos generales, las luchas con la ansiedad se pueden clasificar como problemas de angustia o disfunción. La *angustia* se refiere a la intensidad o tolerabilidad de la ansiedad en sí. La *disfunción* se refiere a los problemas de vida relacionados con la ansiedad. Para la mayoría de las personas, los problemas de angustia y disfunción van de la mano. Por ejemplo, alguien preocupado por la posibilidad de ansiedad durante una reunión en el trabajo experimenta una disfunción si se inquieta y dedica demasiado tiempo y esfuerzo a tácticas de control de la ansiedad como preocuparse, respirar de forma controlada, tomar descansos frecuentes o evitar las reuniones por completo.

Empieza a crear tu plan de manejo de la ansiedad aclarando tus desafíos: ¿angustia o disfunción? El valor de esto es que, cuando ya establezcas los contextos emocionales y situacionales para tus preocupaciones relacionadas con la ansiedad, será más fácil seleccionar las mejores estrategias para ayudarte a lograr tus metas. Me gusta pensar en este proceso como un atleta que aprende sobre un oponente antes de la competencia, un viajero que considera el destino antes de empacar o un estudiante que revisa las indicaciones antes de escribir un artículo. En cada caso, el trabajo básico de describir "la naturaleza del problema" hace que los procesos posteriores sean mucho más efectivos.

Aclara la angustia y la disfunción

Escribe en tu cuaderno de qué manera la ansiedad te crea problemas de angustia o disfunción. Con la angustia, concéntrate en tus SPDS y resalta las sensaciones físicas específicas, pensamientos, deseos y etiquetas de sentimientos que hacen tan difícil tolerar la ansiedad. Con la disfunción, piensa cómo la ansiedad interfiere con tu capacidad de hacer lo que valoras y las situaciones en las que sufres más.

Ejemplos de angustia:

- Sensaciones incómodas de tensión o agitación.
- Fantasías ansiosas que sobrestiman la amenaza o subestiman el afrontamiento.

- Necesidad de escapar, evitar o controlar la ansiedad.
- Quedar atascado en etiquetas de sentimientos como "estoy muy ansioso" o "me siento demasiado agitado".

Ejemplos de disfunción:

- "No iré de compras porque podría encontrar a alguien conocido."
- "En clase, me preocupa tanto si me veo normal que me pierdo la mitad de lo que dice el instructor."
- "Sólo iré al gimnasio cuando sea muy temprano y no haya nadie cerca."
- "Si empiezo a sentirme ansioso en un concierto, me voy."
- "Tengo un problema con mi diente, pero no sacaré cita con el dentista."
- "Conduciré por las calles de la ciudad, pero no por la autopista."
- "Me siento en la parte de atrás de un teatro por si tengo que irme."
- "Tengo miedo de decir que no cuando los colegas me piden que haga su trabajo."
- "Rechazo las invitaciones para cenar con amigos porque podría tener un ataque de pánico."
- "No haré la tarea hasta que crea que puedo hacer un gran trabajo."
- "Sólo hablo con extraños si es necesario y sólo durante unos segundos."
- "Cuando me acuesto por la noche, pienso en el futuro durante horas antes de quedarme dormido."
- "Quiero avanzar en el trabajo, pero no pido ascensos porque me los negarán."
- "Me gustaría compartir pensamientos o fotos a través de las redes sociales, pero la gente puede decir cosas malas."

- "Me distraigo de mis preocupaciones bebiendo o fumando marihuana en cuanto llego a casa después del trabajo."
- "Rechazo las citas porque no tengo nada que decir."
- "No viajo a menos que alguien que conozco se siente a mi lado en el avión."

PASO 2: ¿POR QUÉ PERSISTE LA ANSIEDAD?

Ya que identificaste las áreas de tu vida en las que la ansiedad crea problemas de angustia y disfunción, considera los patrones de fantasías ansiosas, evitación y evaluaciones de amenazas de SPDS que hacen aún más difícil manejar la ansiedad. A medida que desarrollas tu plan, es una buena idea considerar estos tres patrones, porque tienden a estar interrelacionados.

He aquí un ejemplo: imagina que, tras enterarte de un próximo desafío, te involucras en fantasías ansiosas hasta el punto de convencerte de que sucederá algo malo y no podrás enfrentarlo. Para evitar que la ansiedad aumente, recurres a la evitación u otras conductas de seguridad en busca de alivio, pero al hacerlo, te alejas del comportamiento impulsado por valores y los síntomas de ansiedad regresan bastante pronto. Cuando las sensaciones, pensamientos, deseos y sentimientos de ansiedad persisten, a pesar de tus mejores esfuerzos por controlarlos se evalúan en conjunto como una amenaza, lo que desencadena más fantasías ansiosas y volver a la evitación cuando se presentan desafíos similares en el futuro.

Identificar tu participación en estos tres procesos es bueno porque te prepara para pensar en las respuestas (las tres estrategias fundamentales de este libro: hacer predicciones útiles, actuar, aceptar y redirigir) que te gustaría usar con regularidad.

Saber dónde te atoras (ciertas creencias, conductas de seguridad o experiencias internas) te facilitará identificar las respuestas útiles que te ayudarán a establecer un mayor sentido de control personal.

Para ver cómo la identificación de procesos que provocan ansiedad te ayuda a resolver problemas, considera el ejemplo de David, quien se mudó a una nueva ciudad por trabajo hace unas semanas, pero no tiene nuevos amigos. Pensó en ir al mercado de agricultores de su vecindario para conocer gente, pero la perspectiva de ir parecía abrumadora. Así trazó los procesos que le dificultaban el manejo de la ansiedad:

Procesos de ansiedad (paso 2)

Fantasías ansiosas

- La gente me mirará fijamente y pensará que soy un perdedor si voy solo. No podré hablar con nadie y terminaré sintiéndome peor conmigo por tener tanto miedo.

Conductas de evitación o seguridad

- Omitir el mercado por completo
- Ir temprano antes de que haya una multitud, usar lentes oscuros y un gran sombrero, ver al suelo, navegar en internet en el celular.

Evaluaciones de amenazas de SPDS

- Evaluar la respiración rápida, los pensamientos acelerados, la ansiedad subjetiva y el deseo de irme como amenazas significativas; ver la ansiedad como intolerable o síntoma de un defecto personal; reflexionar sobre los reveses del pasado o catastrofizar.

Aclara los patrones del proceso de ansiedad

Escribe en tu cuaderno cómo las fantasías ansiosas, las trampas del pensamiento, la evitación, las conductas de seguridad y las evaluaciones de amenazas de SPDS te hacen más difícil el manejo de la ansiedad en los contextos que identificaste.

Ejemplos de fantasías ansiosas:

- Sobreestimación de la probabilidad.
- Catastrofización.
- Afrontamiento inadecuado.

Ejemplos de otras trampas del pensamiento:

- Generalización excesiva.
- Pensamiento de todo o nada.
- Razonamiento emocional.
- Intolerancia a la incertidumbre.
- Las tres P (explicaciones personales, persistentes y parejas de los contratiempos).

Ejemplos de evitación cognitiva:

- Saltar de un pensamiento a otro.
- Distracción.

Ejemplos de evitación conductual:

- Evitar ciertas situaciones (reportarse enfermo, rechazar invitaciones, faltar a clases).
- Evitación social (mirar alrededor, evitar el contacto visual, sostener una taza o una bolsa, reír nerviosamente, disculparse).

- Evitación condicional de situaciones (hora del día, duración, familiaridad, número de personas, presencia de determinadas personas).
- Priorizar actividades divertidas/fáciles/seguras/menos exigentes.
- Procrastinación.

Ejemplos de evitación de sensaciones emocionales/físicas:

- Dejar las situaciones difíciles.
- Conductas de seguridad (*fidgeting*, mover el pie, moverse en la silla, revisar el teléfono).
- Ejercicio intenso, aplicaciones de relajación, meditación, respiración controlada.
- Suplementos, alcohol, drogas recreativas.

Ejemplos de evaluaciones de amenazas de SPDS:

- Sensaciones ("Voy a… tener un ataque cardíaco, ir a la sala de emergencias, desmayarme, perder la cabeza, asustarme, avergonzarme").
- Pensamientos ("No puedo tolerar… esta situación, mis preocupaciones, mis SPDS, mi ansiedad, los pensamientos indeseables, las preocupaciones existenciales, la incertidumbre").
- Deseos ("Necesito… evitar, escapar, mantenerme a salvo, confiar en estrategias de afrontamiento centradas en las emociones").
- Etiquetas de sentimientos ("Estoy… ansioso, temeroso, nervioso, asustado, aterrorizado, presa del pánico, preocupado, estresado, aprensivo, angustiado, agitado, tenso, alterado").

PASO 3: ¿QUÉ HACER?

Las estrategias que implementes para controlar la ansiedad y responder de manera más eficaz a ella se basarán en la información que recopilaste en los dos primeros pasos. Teniendo tu comprensión del problema (angustia y disfunción) y tus patrones de proceso de ansiedad (fantasías ansiosas, evitación y evaluaciones de amenazas), piensa cómo usar las tres estrategias fundamentales para el manejo de la ansiedad de este libro para abordar tus preocupaciones. Volviendo al ejemplo de David, he aquí cómo lo hizo:

Procesos de ansiedad (paso 2)	Respuestas útiles y planeadas (paso 3)
Fantasías ansiosas • La gente me mirará fijamente y pensará que soy un perdedor si voy solo. No podré hablar con nadie y terminaré sintiéndome peor conmigo por tener tanto miedo.	**Predicciones útiles** • Es probable que la gente preste mucha más atención a sus amigos, familiares y al mercado que a mí. • No hay forma de saber si otras personas están pensando cosas malas sobre mí, pero puedo soportar no saberlo. La oportunidad de conocer gente nueva supera un poco la ansiedad.
Conductas de evitación o seguridad • Omitir el mercado por completo • Ir temprano antes de que haya una multitud, usar lentes oscuros y un gran sombrero, ver al suelo, navegar en internet en el celular.	**Priorizar el comportamiento impulsado por valores** • Dar el primer paso e ir al mercado durante 20 minutos o charlar con dos personas antes de irme. **Experimento conductual** • Ir al mercado y dar los primer(os) paso(s) y no usar conductas de seguridad; evaluar expectativas *versus* experiencia.

Procesos de ansiedad (paso 2)	Respuestas útiles y planeadas (paso 3)
Evaluaciones de amenazas de SPDS	Aceptación consciente y defusión
• Evaluar la respiración rápida, los pensamientos acelerados, la ansiedad subjetiva y el deseo de irme como amenazas significativas, ver la ansiedad como intolerable o síntoma de un defecto personal, reflexionar sobre los reveses del pasado o catastrofizar.	• Observaciones sin prejuicios de sensaciones, pensamientos, deseos o etiquetas de sentimientos; permanecer orientado al presente; "aceptar y redirigir" a comportamientos valorados; responder con autocompasión; sólo es un sentimiento; la ansiedad es una molestia inofensiva; responder con sarcasmo o humor.

Conforme avanzas en esta sección, ve si puedes ser lo más específico posible sobre cómo usarás las estrategias para abordar tus preocupaciones específicas. Por ejemplo, en lugar de "priorizar el comportamiento impulsado por valores por encima de la evitación", aclara estas ideas en un lenguaje que sea relevante para ti:

- "Empezar mi día laboral con la tarea más difícil en lugar de navegar por internet."
- "Sacar una cita con mi médico en vez de preocuparme en el trabajo por mi salud."
- "Tomar clases de guitarra en lugar de ser autodidacta por miedo al escrutinio."
- "Entregar el trabajo escolar a tiempo en vez de esforzarme por alcanzar la perfección y no cumplir con la fecha límite."

Aclara las estrategias para el manejo de la ansiedad

Escribe en tu cuaderno cómo piensas manejar la ansiedad y cómo responder a ella con más eficacia. Selecciona estrategias de las tres secciones del libro que te ayudarán a hacer predicciones útiles, actuar, aceptar y redirigir.

Ejemplos de cómo hacer predicciones útiles:

- Selecciona a qué preocupaciones de alto impacto y alta probabilidad apuntarás.
- Evalúa la precisión y reestructura.
- Haz predicciones útiles que enfaticen el cambio (planeación y resolución de problemas) y la aceptación (tolerancia, autocompasión, conciencia sin prejuicios).
- Revisa tus experiencias, identifica áreas de mejora y ajusta las estrategias.

Ejemplos de acciones:

- Identifica el comportamiento impulsado por valores para priorizarlo por encima de las estrategias de evitación que enlistaste antes.
- Enumera los obstáculos y contratiempos anticipados si haces lo que valoras, a pesar del potencial de ansiedad.
- Considera las oportunidades de aprendizaje nuevo si "lo haces de todos modos".
- Selecciona estrategias de cambio y aceptación para "trabajar en" la ansiedad.
- Identifica el primer paso hacia tu objetivo basado en valores y comprométete con él.

- Provoca la incertidumbre.
- Diseña y realiza experimentos conductuales para participar en comportamientos valorados.
- Crea y trabaja en una jerarquía de exposición (quizá con la ayuda de un terapeuta).

Ejemplos de aceptar y redirigir:

- Identifica preocupaciones difíciles de resolver (pensamientos perturbadores o confusos, datos existenciales, incertidumbre) que se abordan mejor con estrategias basadas en la aceptación.
- Usa el ejercicio de aceptación consciente para identificar y responder de forma objetiva a tus SPDS sin juzgar mientras permaneces orientado al momento presente.
- Haz un plan para identificar tus SPDS, acéptalos y redirige tu atención al comportamiento impulsado por valores en las áreas de tu vida que más te desafían.
- Crea espacio para tus SPDS con técnicas de defusión cognitiva que te ayuden a relacionarte con tu experiencia interna de manera objetiva, como molestias, o con humor.

PASO 4: ¿CÓMO LO HARÁS?

Escribe en tu cuaderno los ejercicios, las hojas de trabajo y otras sugerencias de este libro que te gustaría usar para perfeccionar tu plan, resolver problemas prácticos, desarrollar habilidades, programar actividades, evaluar tu progreso y hacer planes de mejora.

Ejemplos de métodos para usar:

- Escribir dos o tres ideas útiles de cada uno de los capítulos seleccionados de este libro.
- Hoja de trabajo "Registro de pensamientos" para identificar fantasías ansiosas (en línea).
- Resumen del Registro de pensamientos para identificar temas (en línea).
- Hoja de trabajo "Probabilidad/Impacto" para priorizar preocupaciones (en línea).
- Hoja de trabajo "Recopilar la evidencia" para respaldar las creencias (en línea).
- Hoja de trabajo "Predicciones realistas" para desafíos futuros (en línea).
- Material "Priorizar desafíos" para clasificar en orden de importancia (en línea).
- Próximo desafío: Preparar una hoja de trabajo del plan de cambio o aceptación (en línea).
- Hoja de trabajo "Evaluación posterior al evento" (en línea).
- Hoja de trabajo "Espacio para mejorar" (en línea).
- Resumen de tu experiencia con las Predicciones útiles, de la PU1 a la PU5 (en línea).
- Ejercicio: ¿Cómo quieres vivir? (capítulo 6).
- Ejercicio: Tres buenas razones (para la evitación y el comportamiento impulsado por valores) (capítulo 7).
- Ejercicio: Identifica tus patrones de evitación (capítulo 7).
- Ejercicio: ¿Qué quieres "hacer de todos modos"? (capítulo 8).
- Ejercicio: Pros y contras del cambio (capítulo 8).
- Ejercicio: QHEYDF (¿Qué haría el yo del futuro?) (capítulo 8).

- Tarjetas de afrontamiento con declaraciones de diálogo interno para el cambio y la aceptación en situaciones desafiantes (capítulo 8).
- Provoca la incertidumbre (capítulo 8).
- Diseña tus experimentos conductuales (capítulo 8).
- Ejercicio: Práctica de aceptación consciente (capítulo 10).
- Ejercicio: Plan de tres pasos para aceptar y redirigir (capítulo 10).
- Ejercicio: Crea espacio para tu SPDS: tus ejemplos (capítulo 10).
- Programa de 10 a 20 minutos para escribir en tu cuaderno todas tus preocupaciones con las estrategias de cambio o aceptación que podrías usar.
- Da seguimiento del progreso en una hoja de cálculo o en tu cuaderno.
- Programa tiempo en un calendario o agenda electrónica para trabajar en las hojas de trabajo, ejercicios, desarrollo de habilidades, planeación, actividades y comportamiento impulsado por valores.

JUNTA TODO

Cuando se unen los cuatro pasos, tu plan de manejo de la ansiedad se verá como el siguiente. En este ejemplo, el plan se aplica a una persona preocupada por los ataques de pánico en la mañana antes del trabajo. Usa esto como modelo para crear tu plan en tu cuaderno o en el cuadro que aparece en www.newharbinger.com/show-your-anxiety-whos-boss/accessories (disponible sólo en inglés). Ahí encontrarás un cuadro vacío para llenar y un ejemplo de referencia.

1. Problemas relacionados con la ansiedad

Angustia:
- No puedo respirar bien, la voz me tiembla cuando hablo, los músculos del antebrazo se contraen.
- Estoy preocupado por lo que significan los síntomas o lo que sucederá.
- Necesito hacer algo para relajarme o distraerme.

Disfunción:
- No salgo a trabajar por la mañana porque podría tener un ataque de pánico.
- Llego tarde o llamo para reportarme enfermo al menos un par de veces al mes.
- Paso tiempo en el trabajo preguntándome cuándo tendré mi próximo ataque de pánico.

2. Procesos de ansiedad

Fantasías ansiosas:
- Catastrofización y afrontamiento inadecuado: "Si salgo de casa, tendré un ataque de pánico y tendré que ir a urgencias".
- Intolerancia a la incertidumbre: "Hasta que no esté seguro de que estoy a salvo, no puedo irme".

Conductas de evitación o seguridad:
- Me niego a ir a trabajar hasta que ya no esté ansioso.
- Bebo un té calmante, llamo a mi mejor amigo para pedir ayuda, sigo un ejercicio de respiración de 15 minutos en una aplicación de mi teléfono.

Evaluaciones de amenazas de SPDS:

- "No me sentiría así si no estuviera realmente en peligro."
- "No puedo soportar estar tan asustado."
- Reflexiono sobre mi historia personal de pánico.

3. Respuestas útiles y planeadas

Predicciones útiles:

- "No he tenido un ataque de pánico durante años y, el mes pasado, cuando visité al doctor, me dijo que no tenía problemas médicos."
- "Cuando estoy ansioso y voy a trabajar de todos modos, generalmente me siento mejor una vez que estoy afuera y me pongo en movimiento."

Experimentos conductuales:

- Sin depender de las conductas de seguridad, voy a prepararme para trabajar, salir de casa y caminar dos cuadras hasta la parada del autobús.
- Observaré la persistencia de la ansiedad y la tolerabilidad de las emociones y la incertidumbre.
- Me daré crédito por tomar la decisión de "hacerlo de todos modos".

Aceptar y redirigir:

- "Éstos sólo son pensamientos que observo sin juzgar; los dejo existir, atiendo el presente y me preparo para trabajar de todos modos."

Crea espacio para tus SPDS:
- Veo mi SPDS como una molestia (como un gato) en lugar de una verdadera amenaza.

4. Métodos

Hojas de trabajo:
- Registro de pensamientos.
- Probabilidad/impacto.
- Recopilar la evidencia.
- Predicciones útiles.

Ejercicios:
- Foto de tarjeta de afrontamiento en el teléfono.
- QHEYDF (¿Qué haría el yo del futuro?).
- Provocar la incertidumbre.
- Dar el primer paso.
- Diseñar y realizar un experimento conductual.
- Práctica de aceptación consciente, todos los días antes de acostarme.
- Plan de tres pasos para aceptar y redirigir.
- Crea espacio para tus SPDS.

¿CÓMO AYUDA ESTO? ¿QUÉ SIGUE?

Seguir el proceso de cuatro pasos de este capítulo para desarrollar un plan personalizado para el manejo de la ansiedad te ayudará a aclarar los desafíos relacionados con la ansiedad que interfieren con tu vida, los procesos que vuelven a la ansiedad difícil de manejar, las estrategias de gran impacto que usarás para enfrentar a la ansiedad y los métodos para aprovechar al máximo tus esfuerzos. Si bien poner atención a la planeación antes de aplicar las estrategias implica consideración y paciencia, el trabajo que realices ahora dará sus frutos al mantenerte enfocado en las preocupaciones que requieren mayor atención y las estrategias específicas que te permiten enseñarle a tu ansiedad quién manda.

A lo largo de este libro el mensaje "¿qué sigue?" te preparaba para pensar en los conceptos y estrategias que se abordarían en el siguiente capítulo. Al llegar al final del libro, "¿qué sigue?" depende de ti. La ansiedad puede ser una emoción confusa, exigente y aterradora, pero eso no significa que debas tomarla en serio, luchar o huir de ella. Al reconocer que la ansiedad aparece (ya sea como una señal útil o una molestia incómoda), tus elecciones sobre cómo responder harán más fácil reconocer el deseo de controlar y redirigir tu atención para seguir adelante con tu vida. En el futuro, espero que sigas explorando el valor de cambiar tu relación con la ansiedad respondiendo a ella con directrices útiles, actuando para vivir de acuerdo con sus valores y aceptando emociones difíciles pero auténticas con objetividad, tolerancia y calidez.

Recursos

Libros de autoayuda en español

Antony, M., y R. Swinson (2014). *Manual práctico para el tratamiento de la timidez y la ansiedad social*, Bilbao, Desclée de Brouwer.

Clark, D., y A. Beck (2016). *Manual práctico para la ansiedad y las preocupaciones: la solución cognitiva conductual*, Bilbao, Desclée de Brouwer.

Gillihan, S. (2020). *Terapia cognitivo-conductual fácil. 10 estrategias para manejar la depresión, la ansiedad y el estrés*, Málaga, Sirio.

Libros de autoayuda en inglés

Bourne, E., y L. Garano (2016). *Coping with Anxiety*, Oakland, CA, New Harbinger Publications.

Harris, R. (2009). *ACT Made Simple*, Oakland, CA, New Harbinger Publications.

Hayes, S. (2005). *Get Out of Your Mind and Into Your Life*, Oakland, CA, New Harbinger Publications.

Hendriksen, E. (2018). *How to Be Yourself*, Nueva York, St. Martin's Press.

Leahy, R. (2006). *The Worry Cure*, Nueva York, Random House.

Robichaud, M., y M. Dugas (2015). *The Generalized Anxiety Disorder Workbook*, Oakland, CA, New Harbinger Publications.

Winston, S., y M. Seif (2017). *Overcoming Unwanted Intrusive Thoughts*, Oakland, CA, New Harbinger Publications.

Para médicos en inglés

Barlow, D., S. Sauer-Zavala, T. Farchione, H. Latin, K. Ellard, J. Bullis, K. Bentley, H. Boettcher, y C. Cassiello-Robbins (2017). *Unified Protocol for Transdiagnostic Treatment of Emotional Disorders: Workbook*, Nueva York, Oxford University Press.

Beck, J. (2011). *Cognitive Behavior Therapy*, 2ª ed., Nueva York, Guilford Press.

McKay, M., y A. West (2016). *Emotion Efficacy Therapy*, Oakland, CA, New Harbinger Publications.

Tolin, D. (2016). *Doing CBT*, Nueva York, Guilford Press.

Para médicos en español

Clark, D. (2012). *Terapia cognitiva para trastornos de ansiedad*, Bilbao, Desclée de Brouwer.

Eifert, G., y J. Forsyth (2014). *Terapia de aceptación y compromiso para trastornos de ansiedad*, Bilbao, Ediciones Mensajero.

Organizaciones profesionales en Estados Unidos

ADAA: Anxiety and Depression Association of America (Asociación Estadounidense de Ansiedad y Depresión): https://adaa.org

ABCT: Association for Behavioral and Cognitive Therapies (Asociación de terapias conductuales y cognitivas): http://www.abct.org

Acerca del autor

Joel Minden, PhD, es psicólogo clínico especializado en terapia cognitivo-conductual (TCC) para la ansiedad. Estudió el posgrado en la Academy of Cognitive Therapy; es profesor adjunto en el departamento de psicología de la Universidad Estatal de California, Chico, y autor del blog *CBT and Me*, en www.psychologyto day.com.

El escritor del prólogo **Seth J. Gillihan, PhD,** es coautor de *Overcoming OCD* y autor de *Retrain Your Brain*, un libro de trabajo para controlar la depresión y la ansiedad. Gillihan trabaja en Haverford, PA, donde se especializa en TCC e intervenciones basadas en la atención plena para el trastorno obsesivo compulsivo (TOC), ansiedad, depresión y problemas relacionados.

Enséñale a tu ansiedad quién manda de Joel Minden
se terminó de imprimir en mayo de 2021
en los talleres de
Litográfica Ingramex, S.A. de C.V.
Centeno 162-1, Col. Granjas Esmeralda, C.P. 09810
Ciudad de México.